歴史文化ライブラリー

400

三浦一族の中世

高橋秀樹

吉川弘文館

目　次

1　三浦一族の中世，日本の中世

三浦一族の中世、日本の中世——プロローグ

三浦一族のイメージ

源平争乱期や鎌倉時代に関心を持つ読者ならば、三浦氏の名を耳にしたり、目にしたことはあろう。おそらく、坂東《ばんどう》八平氏と呼ばれる桓武平氏の一流で、三浦半島を拠点とする相模国随一の大豪族という知識がインプットされているに違いない。義明・義澄・義村・泰村ら三浦氏の嫡流のほか、一族には侍所《さむらいどころ》別《べっ》当《とう》和田義盛を輩出した和田氏、源義経に従った一の谷合戦で「こんなのは三浦では馬場だ」と言って鵯越《ひよどりごえ》の断崖を馬で駆け下りた佐《さ》原《はら》義連《よしつら》に始まる佐原氏とその子孫の戦国大名葦名《あしな》氏、源頼朝が兵を挙げた石橋山合戦《いしばしやまかっせん》で討ち死した佐那田義忠をはじめ、津久井・矢部・大多和・多々良・長井・三戸・山口・林・野比・横須賀など三浦半島所在の地名を苗

字とする者や、杉本・由井・平塚・舞岡・岡崎・石田など相模国内の地名を苗字とする者、朝夷《あさひな》・大河戸・中条・黒川・会津・藤倉など相模国以外の東国の地名を称する者もおり、その勢力は東日本、さらに全国に広がっていた。そして、今なお、三浦氏の子孫、あるいは三浦一族の子孫を称する方々が各地にいる。

三浦氏と聞いて思い浮かぶのは、源頼朝の挙兵に際して、源家累代の家人として貴種再興の時が来たことを喜びながら討ち死した老将三浦義明の忠義のイメージであろうか。あるいは執権北条氏のライバルとして比肩する勢力を持ちながら、政治巧者の北条氏によって滅ぼされた敗者のイメージだろうか。はたまた、源頼家の遺児公暁《くぎょう》による将軍源実朝暗殺事件に関わりながらも、最後には公暁を見捨てたり、和田合戦で同族の和田義盛を裏切って北条方に付いたダーティーなイメージだろうか。

いずれのイメージも、十年ほど前まで疑う人は少なかったし、現在でもこうしたイメージを持ち続けている鎌倉時代史の研究者は少なくない。ところが、最近の研究によって、これらのイメージは過去のものになりつつある。ほとんど疑われることがなかった桓武平氏の一流という「史実」さえも、現在では否定されているのである。まずは、三浦一族研究の最前線を紹介するのが本書の役割の一つである。

もうひとつの課題は、日本の中世前期の政治や社会の流れを通史的に追い、その流れのなかに三浦一族という個別の武士団や三浦氏出身の人物の動向、彼らが領した地域を積極的に位置づけることである。

通史と地域史・個別武士団研究のあいだ

近年、地域史や個別武士団研究が再び活況を呈しているなかで、各地で開かれているシンポジウムの成果や、個別の武士団・人物を取り上げた論集・著作が数多く出版されている。こうした出版物や自治体史の通史編は地域や個別武士団の歴史を主眼としているから、中世の政治や社会全体の動きは添え物に過ぎない。そうした記述とは違うもの、また、中世前期の通史的な記述の中に地域史的な話題をコラムとして取り上げるだけの従来の一般書・通史類とも違うものを目指している。

その際、朝廷の動きと幕府の動きをバランスよく捉えたいと思っている。武家社会のみに通用する物差しを探し出して使うのではなく、貴族社会・武家社会共通の物差しを用いることもバランスをとることの一つであろう。そこで、武家社会をも包み込んでいる貴族社会の身分秩序や、鎌倉時代においても諸国を運営している国衙《こくが》などの存在を意識して叙述していきたい。一方で、紙幅の関係もあり、南北朝時代以降の叙述が駆け足になってしまう点はご容赦いただきたい。

鎌倉時代において、幕府のみならず、朝廷に対しても重要な政治的役割を果たした三浦一族だからこそできる部分はあるが、地域を国単位に広げれば、他の地域や武士団の事例でもこうした試みは可能だと思われる。受験のための通史学習に終始してしまう高校日本史の現場や、その復習になりかねない地方大学の教養の日本史の授業でも、本書の視点を応用していただければ、望外の喜びである。

慈円の時代観

こちらがあれこれと考える前に、まずは中世人の声を聞いてみよう。中世に生きた人々は、それまでの時代と自分の生きている時代をどのような時代観で認識していたのだろうか。鎌倉時代初めの摂関家出身の高僧慈円《じえん》の著作で、鎌倉時代の歴史書として名高い『愚管抄《ぐかんしょう》』から、彼の時代観を見てみたい。

慈円は、天皇・上皇（院）と臣下（摂政・関白以下）との関係に視点を置いて、その枠組みの変化で時代を捉えている。

① 延喜・天暦マデ（〜十世紀半ば）……「君臣合体水魚ノ儀」と表現されているように、天皇と臣下が一体となって、むつまじく政治を進めている時代である。

② 冷泉院ノ御後（十世紀半ば〜）……「執政臣」の治世、すなわち摂関政治が本格化した時代である。

③　後三条院・白河院ノ後（十一世紀後半〜）……「ヲリ居《い》ノ御門《みかど》ノ御世ニナリカハルツギ目」と表現されていて、後三条天皇による院政開始の可能性を指摘している。太上天皇（上皇）の専制を有能な近臣が支える政治が行われた時代である。

④　保元《ほうげん》の乱《らん》後（一一五六〜）……慈円にとっての「今」であり、それは「武者ノ世」と捉えられている。摂関の地位が低下し、鎌倉幕府の成立によって将軍が天皇と摂関の家を押し込めて治世している時代である。「世ノハテ」ではあるが、摂関家の子弟（藤原頼経）が将軍に就いたことで改善される方向にあるという見方も示している。

こうしてみると、慈円の時代の捉え方が、数年前までの教科書では一般的だった、摂関政治・院政・武家政治（鎌倉幕府）という時代区分や、武家政治の成立をもって中世の始まりと見なす考え方と共通していることに驚く。

ただし、慈円は、保元の乱直後に武士が政権を掌握して「武者ノ世」になったと言っているわけではない。『愚管抄』が成立した一二二〇年前後から過去を振り返ったときに、「武者ノ世」である現代史の始点として思い起こされるのが保元の乱であるという見方である点には留意しておきたい。

「家」と「職」の中世

では、慈円が生きた時代の社会としての特質は何か。慈円は自分たちの社会が「家」を単位として成り立っていると捉えている。易姓革命《えきせいかくめい》が起こってきた中国に対して、日本では「王胤《おういん》」という天皇の子孫（皇族）と「臣下ノ家」が定めおかれていて、いかなる事態が起きても王胤と臣下の別は今日まで変わることがなかった。「臣下ノ家」には「摂籙《せつろく》ノ家」（摂関家）や「ソノ庶子ドモノ末孫・源氏ノ家々」（清華《せいが》家・羽林《うりん》家）、「次々ノ諸大夫ドモ」（名家《めいけ》ほか）などの「家」があって、「ソノ家々ノヲホカタノ器量ハヲボヘキ」とあるように、そこには「家」のおよその器量、すなわち家格があるというのである。その「家」は「家ツギテ」という表現に見られるように継承される存在であり、「家」継承者と位置づけられているのが「嫡子」であった。

貴族や官人の身分は、律令に規定された位階制によって序列化されていた。官職は位階に連動するのが原則であったが、官職を持たない散位の貴族・官人もいたし、律令の官位相当の規定よりも位階が上昇する傾向にあった。同じ官職の中では位階が高い方が序列が上である。六位以下の位階はほぼ実態がなくなり、叙爵といえば従五位下に叙されることを指した（摂関家の子弟は正五位下・従五位上からスタートした）。五位以上が貴族とされたから、中下級の官人にとっては五位に叙されるか否かが大きな問題だった。五位に叙されると、それまで有していた官職は辞職するのが原則であった。この位階制が第一の身分体系である。

九世紀になると、天皇との親疎によって、内裏《だいり》清涼殿の殿上《てんじょう》の間に昇れるか否かという違いが生じるようになった。同じ四位や五位の官人でも、昇れる者は殿上人《てんじょうびと》と称され、昇れない者は地下《じげ》とされた。六位（五位に叙されていない者）の中に昇殿を許されている者が数名いる一方で、三位の位を持つ公卿でも昇殿を許されない者がいた。殿上人は天皇の代替わりに際して選びなおされるのが原則であった（古瀬奈津子『日本古代王権と儀式』吉川弘文館、一九九八年）。この昇殿制が第二の身分体系である。

さらに十一世紀ごろになると、家系ごとに昇進のルートと速度が徐々に決まってくる。これが家格という第三の身分体系である。武士もこの枠組みの中に組み込まれたし、江戸時代に至っても、公家社会はもちろん、朝廷から与えられる官位官職を身分標識に用いている武家社会でも、この枠組みが通用していた。臣下の家格は、「公達《きんだち》」と「諸大夫」「侍」という階層に大きく分けられる。公達は、摂政《せっしょう》・関白に就く家柄とそこから十世紀以降に分出した家系や、宇多源氏以降の賜姓《しせい》源氏の家系で、元服後に兵衛佐《ひょうえのすけ》または侍従から近衛次将を経るコースをとって公卿に昇進するのが一般的であった。のちに「摂家

（摂関家）」「清華家」「羽林家」と呼ばれる家がこの公達層である。途中までほぼ同じコースを経るとはいえ、最上層の摂家と最下層の羽林家とでは昇進速度に著しい違いがあった。諸大夫は、奈良時代末～平安時代前期に分出した藤原氏や高棟《たかむね》流桓武平氏などで、六位蔵人《くろうど》から叙爵して弁官を経歴する家（「名家」）、諸司の丞から叙爵して受領を歴任する家があり、摂関家に家司《けいし》（政所《まんどころ》別当）・家人として奉仕する者が多かった。侍は、奈良時代に分出した藤原氏、清和源氏や橘氏・紀氏などの諸氏で、多くは諸官司の三等官（丞・允・進・尉）が極官であり、最上層はそこから叙爵して、官職を持たない散位の五位となった。また、彼らは公卿の家に代々奉仕した。このほか、陰陽道・医道・明法《みょうぼう》道・明経《みょうぎょう》道などの専業的実務官人は、「諸道の輩」と呼ばれ、諸大夫・侍に類似しつつも独自の昇進コースをたどっていた。こうした家格が、十二世紀半ばごろまでには確立していた（玉井力『平安時代の貴族と天皇』岩波書店、二〇〇〇年）。

「家」の継承者と位置づけられた嫡子には、家格相応の政治的地位に就くことが求められた。その職務を支え、家の可視的象徴となるのが家伝の日記・文書などであった。『玉《ぎょく》葉《よう》』治承元年（一一七七）七月十八日条の「文書焼失の事。時範・定家・親範三代の記録、大都取り出しおわんぬ。但し三分の一焼けおわんぬ。その外、史書の類、少々出しおわんぬ。自余七百余合しかしながらもって焼失す。十代の文書一時に滅亡す。これ家の尽きるなりと云々」という記事や『吾妻鏡《あずまかがみ》』文治二年（一一八六）八月十五日条の「西行《さいぎょう》申して云く、弓馬の事は在俗の当初、なまじいに家風を伝うといえども、保延三年八月遁世《とんせい》の時、秀郷朝臣以来九代嫡家相承の兵法焼失す」という記事などで、嫡流相承の日記・文書の焼失が「家」の滅亡と捉えられていることに見られるように、これら家の日記や文書を継承することが家を継承することにほかならなかった。

特に朝廷の実務を担当する「名家」にとって、日記は不可欠なマニュアルであり、彼らは自身が日記をつけたり、「家記《かき》」と呼ばれる祖先の日記を所有しているだけでなく、摂関家の家司として主人に代わって日記を書いたり、院や摂関家の求めに応じて「家記」を用いて先例を調べることが職能だった。こうした「家」は「日記の家」とも呼ばれた。技能のみではなく、家相応の政治的地位と家の日記・文書の上に成り立つのが家業・家風であった。嫡子によって継承される「家」は十一世紀末〜十二世紀半ばに成立した。『愚管抄』に見られる「家」というキーワードと並んで、中世社会を捉える際にもう一つのキーワードとなるのが「職《しき》」という存在である。

鎌倉時代初期を代表する御家人小山朝政《おやまともまさ》は、嫡男朝長が早世したため、家業を継ぐべき仁として朝長が嫡男に立てていた孫の長村に「嫡々相承」という道理に基づいて所領・所職を譲った。その譲与の対象となっていたのが、下野《しもつけ》国の「権大介職」と播磨国の「守護奉行職」、そして各地の「地頭職」であった（「小山文書」寛喜二年二月二十日、小山朝政譲状案）。「職」とは、職務の権能と収益権が一体化したもので、荘園においては、本家職・領家職・預所職・下司《げし》職などの「職」が重層的に成立し、「職」の体系化が図られていた。国衙（国ごとの役所）でも所職が成立しており、同様の体系化が見られる。貴族社会や武家社会のみならず、寺院にも「僧の家」が生まれて「職」が相続されていた。鎌倉時代には庶民層にも名主《みょうしゅ》職・作職（耕作権）などが成立する。社会の多くの権益が「職」化するのである（永原慶二『日本中世社会構造の研究』岩波書店、一九七三年）。

小山朝政の譲状に示されているように、「家」と「職」との間には密接な関係も生じている。成立期の「家」にとって、嫡子が単独で相続した「権大介職」や「守護奉行職」はその象徴であった。これらの「職」は分割・分与できないが、鎌倉時代に広まる荘園公領の地頭職は分与することが可能であり、庶子は父祖から「職」を譲られ、また自ら新恩による「職」を得て「家」を分立させていった。

中世社会においては、王胤の「家」（これを「王家」と呼ぶ研究者もいる）による天皇職の請け負いを頂点に、多く「職」が、一つの「家」、あるいは複数の「家」による請け負いの形をとった。この「家」による「職」の請け負いの形をとるところに中世国家・中世社会の特質があると言えよう。

三浦一族の中世

『吾妻鏡』建保元年（一二一三）五月二日条には和田合戦に際して三浦義村・胤義兄弟が相談したときの話が載せられている。その中で二人は「曩祖《のうそ》三浦平太郎為継、八幡殿に属し奉り、奥州の武衡・家衡を征して以降、飽くまでその恩禄を啄《ついば》む所なり」と述べており、彼らにとって実在の「曩祖」として、現実的に認識している祖先は四代前の為継であったことがわかる（この記事の原史料は不明であり、兄弟の生の声とは言えないかもしれないが、鎌倉時代の認識としては間違っていないだろう）。為継が源義家のもと、後三年合戦《ごさんねんかっせん》（一〇八三〜八七）で活躍したことに三浦氏の歴史が始まると考えていたのである。それは白河天皇の時代、「中世」の幕開きのころであった。為継よりも前の時代は中世の三浦氏にとっても神話・伝承の世界に属する。中世に成立した系図を見ても、実名や系譜は一致していない。

『吾妻鏡』は武士の家を「弓馬の家」「弓箭《きゅうせん》の家」「武勇の家」と表現している。三浦氏についての記述はないが、三浦氏も同様に認識されていたことは間違いなかろう。三浦氏

系図1　三浦一族略系図

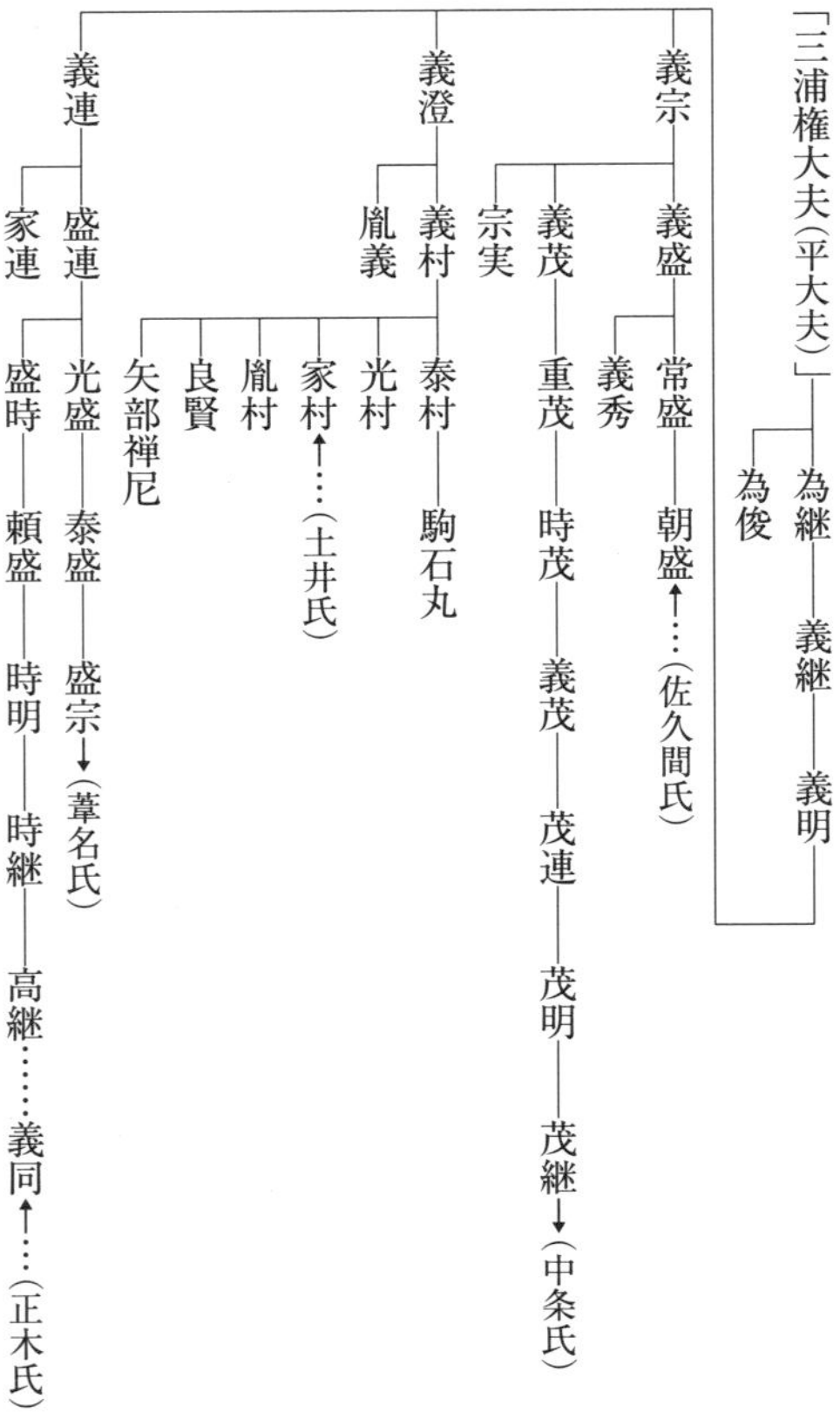

は侍の家格であったが、嫡流の家は、義村が五位の国司となり、子息泰村が式部丞から叙爵して、国司になったことで、諸大夫相当の家格を獲得した。

宝治元年（一二四七）六月八日条で泰村は自身を「義明以来四代の家督」と表現してい

る。義明に始まる「家」の継承者という意識を持っていたことがわかるが、その「家」を象徴する、義明に始まる「職」としては、相模国の国衙雑事支配権を示す「三浦介」の「職」が思い浮かぶ。兵衛尉・駿河守、式部丞・若狭守の官職を得た義村や子息泰村が「三浦介」を称号として用いることはなかったが、下野守の官職を得て、それを名乗った小山朝政が下野国権大介職を所有していたように、義村・泰村も「三浦介」の職を持ち続けていたと考えていいだろう。

一方、三浦氏の同族である和田義盛・佐原義連・三浦胤義らは「職」（地頭職など）を獲得して新たな「家」を興し、「家」を分立させていった。

新井城落城によって三浦氏が滅亡するのは永正十三年（一五一六）で、織田信長の上洛よりも半世紀以上先立つが、三浦氏の流れをくむ戦国大名葦名氏が伊達政宗によって常陸《ひたち》国に追われて没落するのは天正十七年（一五八九）のことである。この年は、豊臣秀吉が「太閤検地《たいこうけんち》」と呼ばれる検地方式の統一化を図った年であり、翌年には小田原北条氏が滅ぼされて、関東でも戦国時代が終わる。その点では、三浦一族の歴史時代は中世とともにあったと言えよう。そして近世になると、三浦氏は文学作品や演劇に取り上げられ、さらに伝説的な存在となり、家々は自身の系譜を三浦氏に求めて、系図を作り上げ、さまざまな伝承をこれに加えていく。三浦氏は再び伝承の中へと消えていくのである。

三浦氏の神話から歴史へ

為継・義継・義明の時代

鎌倉時代の三浦氏が実在の祖先として認識していた為継から、その子義継を経て、孫の義明に至る時代は、三浦一族にとって、さまざまな「家」創造神話に彩られた時代から、現実的な歴史が始まる時代への転換期に当たる。為継は、永保三年（一〇八三）に始まる後三年合戦に従軍し、鎌倉権五郎景政の目に刺さった矢を抜くエピソードが『奥州後三年記』に描かれている人物であり、義明は治承四年（一一八〇）の源頼朝の挙兵に応じ、源氏再興を喜びながら衣笠城で討ち死にした『吾妻鏡』の記事で知られる人物である。為継が生きた時代は、白河院政開始の前後、日本の中世が始まると考えられているころであり、義明が生きた時代は、最初の武家政権をつくったとも言われる平清盛の時代に相当する。三浦氏にとっても、東国の武士にとっても、京都の天皇や貴族たちにとっても、新時代の幕開けである。

院政のはじまりと武士の台頭

後三条親政から白河院政へ

治暦四年（一〇六八）、後三条天皇が三十五歳で践祚《せんそ》した。皇太子時代から関白藤原頼通と対立していたこともあり、頼通は弟教通に関白を譲って、宇治に隠遁した。後一条天皇の九歳、後朱雀《ごすざく》天皇の二十八歳、後冷泉《れいぜい》天皇の二十一歳と比べても年長で践祚した後三条天皇は政治に意欲を燃やし、延久の荘園整理令の発布、記録荘園券契所の設置をはじめ、内裏《だいり》復興、過差《かさ》の禁止（行列・服装の華美の禁止で、「徳政」の眼目のひとつ）などの諸政策を次々と打ち出していった。ところが践祚からわずか四年余りで子息の白河天皇（十七歳）に譲位してしまう。

この譲位をめぐって、自身が譲位後も治世する院政の開始を意図していたと慈円《じえん》の『愚《ぐ》

『管抄』は説明しているが、現在では、白河天皇の弟実仁親王を春宮に立て、実仁への皇位継承を図るためとする説が有力である。後三条天皇は実仁の後、さらにその弟輔仁《すけひと》を皇位に就けることを望んでいたとも言われている。

しかし、後三条天皇は譲位の一年半後に亡くなり、二歳で立太子した実仁も践祚が実現しないまま応徳二年（一〇八五）に十五歳で亡くなってしまった。その一年後、白河天皇は八歳の皇子善仁《たるひと》を春宮に立て、その日のうちに譲位を行い、ここに院政という政治形態が成立する。白河天皇から堀河天皇への皇位継承が父後三条天皇の意に反したものであったことは、堀河天皇が病に陥ったときに白河上皇が後三条天皇の山陵に捧げた告文《こうもん》に「近日公家《こうけ》不例に御《おわしま》す。もし御祟りならば早く平癒せしめ給うべし」（『中右記《ちゅうゆうき》』嘉承二年七月十二日条）とあるように、後三条天皇の祟りを恐れていたことからも窺われる。

院政とは、幼少の天皇に代わって、父・祖父などの直系尊属に当たる太上天皇（上皇）が「治天の君」として政務を主導する政治形態で、政治はこれまでどおり太政官機構を通じて行われた。「意に任せ法に拘らず除目《じもく》・叙位を行い給う。古今未だ有らず。……威四海に満ち、天下帰服す。幼主三代の政をとり、斎王六人の親となる。桓武より以来絶えて例なし。聖明の君、長久の主と謂《い》うべきなり。但し理非決断、賞罰分明、愛悪を掲焉《けちえん》し、貧富顕然なり。男女の殊寵多きにより、すでに天下の品秩破るるなり」（『中右記』大治四年七月七日条）と言われるような専制君主のイメージは、院政開始時からの姿ではない。堀河天皇時代の白河院政は、関白藤原師実や有能な近臣に支えられた聡明な天皇との間に連帯関係と緊張関係があり、白河上皇が人事権を独占するには至っていない。嘉承二年（一一〇七）堀河天皇が二十九歳で亡くなると、その子鳥羽天皇が五歳で践祚する。このときの藤原忠実の摂政就任は、白河上皇の「詔」によるものであった。これは上皇が摂関の人事権をも掌握したことを意味する。鳥羽天皇が二十一歳になると、その子が五歳で天皇に立てられた（崇徳天皇）。次々と幼帝を立てることで、白河上皇の専制は実現された。院政は鳥羽天皇践祚のときに確立したと言ってもいいだろう（美川圭『白河法皇』ＮＨＫブックス、二〇〇三年）。

白河院の寵童・平為俊は三浦氏出身か

白河上皇の院政を支えたのは、外戚関係者（村上源氏・閑院流藤原氏）、乳母関係者、受領《ずりよう》、実務官僚（大江匡房《おおえのまさふさ》・源俊明・藤原為房・藤原顕隆ら）、武士（平正盛・忠盛、源康季）たちであった。

院の近臣の一人に平為俊がいる。『尊卑分脈《そんぴぶんみやく》』良門孫の系図の中の藤原章俊の子為俊の項には「為俊の事、白河院の御寵童今犬丸これなり。童形の時、北面《ほくめん》に候する初例なり。直奏《じきそう》を聴《ゆる》し、夜の御殿《おとど》に召さると云々。但し実子に非ず。勅命により猶子となる〈実は小舎人童《こどねりわらわ》なりと云々〉」の注記があり「男女の殊寵多し」と言われた白河院の寵愛を得て、雑用を勤める小舎人童の身から、院の命令によって貴族の養子になることで下級貴族の出自を獲得し、検非違使《けびいし》から駿河守（ただし『尊卑分脈』の「河内守」の記載は誤り）まで出世したことが記されている。彼が上国の受領になったことは「宜《よろ》しき国穏便ならず」と貴族から非難されるほどであった（『中右記』天仁元年正月二十四日条）。

この為俊の出自について、延慶本《えんぎようぼん》『平家物語』は「(北面は) 上古ニハ無リケリ。白河院ノ御時、始置レテ、衛府共アマタ候ケリ。中ニモ為俊・盛重、童ヨリ千手丸・今犬丸ナト、テ、切者《きれもの》ニテ有ケリ。千手丸ハ本《もと》ハ三浦ノ者也。後ハ駿河守ニナサル。今犬丸ハ周防国住人、後ハ肥後守トソ申ケル」と伝えている。駿河守となった為俊が「本は三浦の者」だったというのである。中世に成立したいくつかの三浦氏関係系図にも為継の兄弟、あるいは甥として記載されている「駿河守為俊」がこれに当たる。『中右記』寛治六年（一〇九二）四月十八日条によれば、為俊の童名は「千手丸」であり、混乱がある『尊卑分脈』よりも、延慶本の記述の方が正しい。

白河院の四十九日の仏事が終わった後、院の北面に候していた八人に対して、引き続き

系図2　天皇・藤原氏・平氏系図

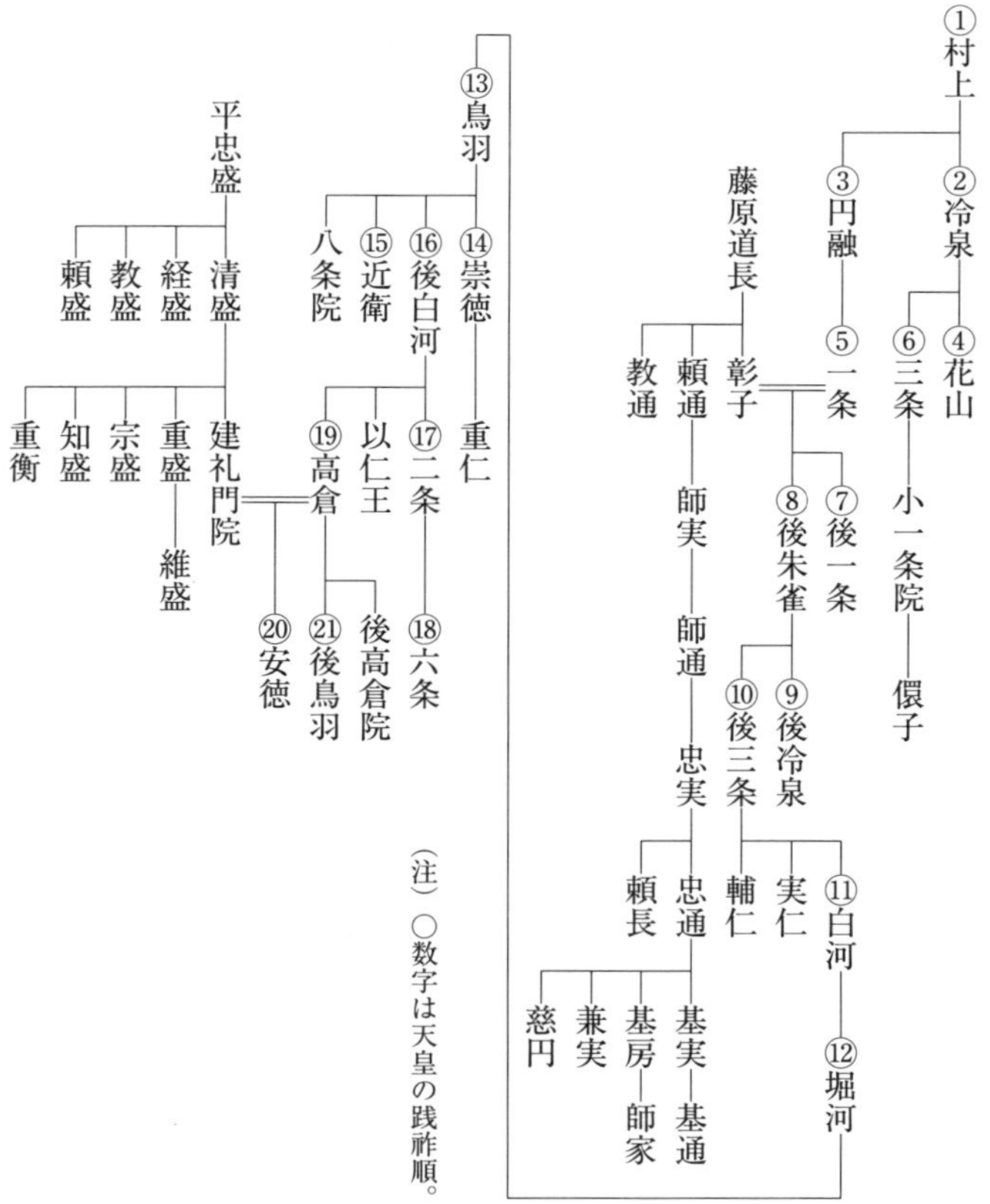

（注）○数字は天皇の践祚順。

鳥羽院と待賢門院《たいけんもんいん》の北面に祗候《しこう》するように命が下った。その八人とは「備前守忠盛朝臣・駿河守為俊・安芸守資盛、大夫尉佐遠・盛道、検非違使盛兼・季範、左衛門尉親安」である（『中右記』大治四年閏七月二十五日条）。平忠盛は平家の棟梁で清盛の父、藤原資盛は経済力のある受領、河内国坂戸牧を本領とする源佐遠（資遠）・季範兄弟は院の近習《きんじゅう》として代々都の武力を担う存在であった。源氏の棟梁と評される源為義はこのとき検非違使左衛門少尉で院の側近には列していなかったし、彼は遂に受領になれなかった。為俊は源氏・平家の棟梁とほぼ同格、あるいはそれ以上の存在だったと言っても過言ではなかろう。

為俊を三浦氏出身とする延慶本『平家物語』の説については、否定的な見解もある（米谷豊之祐『院政期軍事・警察史拾遺』近代文芸社、一九九三年。渡辺真治「駿河守平為俊考」『湘南史学』一五、二〇〇四年。近藤好和「為俊」「公俊」『新横須賀市史　通史編　自然・原始・古代・中世』横須賀市、二〇一二年）。その主たる理由は、①東国の一地方武士の傍流に過ぎない為俊が源氏の棟梁よりも高い官職を得るはずがない、②和田義盛が受領を望んだときに先例として挙げていないし、義澄や義村も家の誇りとして言及していない、③為継の弟とするものと為重の子（為継の甥）とするものがあって三浦氏関係系図上の位置が不安定である、という点にある。

①の批判は後世のイメージで捉え過ぎている。中世的な「家」成立期のこの段階で嫡流・傍流という実態がどこまであったか疑わしいし、源氏と東国武士との関係も主従制に基づくヒエラルヒーが形成されていたわけでもない。為俊の同僚で周防《すおう》国の在地出身の藤原盛重（今犬丸）は、目代に見出されて受領の家人《けにん》になり、一度東大寺別当の稚児になってから白河上皇に見初められて寵童になっている。そして院の北面（必ずしも武士ではない）から昇進して受領を歴任した。②についても、鎌倉時代の「家の例」の意識のなかで、先例として重視されるのは父や祖父など直系尊属の例であって、それ以外の親族の例は父祖の例を補うものに過ぎない。義盛らにとって、直系親ではない為俊の例は「家の例」に当たらない。③は系図成立期には具体的な系譜関係はわからなくなっていたのであろう。おそらく鎌倉初期の三浦一族にとっても「むかし都に出て華やかな別世界で活躍した親戚がいたらしい」という程度の認識だったのではあるまいか。系図成立よりも遡る延慶本『平家物語』の言説を重視しておきたい。

そして、「今犬丸・千寿丸」と並び称された藤原盛重が相模守に在任していた天治年間（一一二四〜二六）に三浦義明の国衙雑事への関与が始まる。これも為俊の存在があってのことだろう。

東国武士の「家」創造神話と三浦氏の出自

九世紀末から十世紀にかけて、朝廷の地方支配が間接的なものへと転換していく中で、地方豪族や有力百姓層が勢力の維持や拡大のために武装する一方、受領として下向したり、紛争鎮圧のために派遣された中・下級貴族が地方に土着化し武力を備えた領主となっていった。彼らはまたその「武」をもって中央の朝廷や摂関家等に奉仕した。その代表的な存在が平将門や藤原純友の一族であった。十世紀前半にいわゆる承平《じょうへい》・天慶《てんぎょう》の乱《らん》（承平段階では乱という性格ではなかったことから、近年は単に天慶の乱と呼ぶ）が起きると、朝廷は鎮圧のために征東大将軍《せいとうだいしょうぐん》藤原忠文・下野押領使《おうりょうし》藤原秀郷・鎮守府将軍平貞盛、征西大将軍藤原忠文・追捕《ついぶ》山陽南海両道凶賊使小野好古《おののよしふる》らを派遣した。これら「大将軍」「押領使」等の官を帯びて下向した中・下級貴族が近隣諸国の国衙の軍を動員、指揮して戦うのがこの時代の内乱平定の形であった（戸田芳実『初期中世社会史の研究』東京大学出版会、一九九一年）。

十一世紀になると、前代よりも広範な地方武士が朝廷・院・摂関家に出仕し、中央の武官の地位を得た「都の武士」としても登場してくる。地方での反乱に対して朝廷は、追討《ついとう》のために有力武士（下級貴族クラス）を近隣国の国司に任命し、国衙軍を動員する形で対処した。平忠常の乱を平定した源頼信の子頼義は、小一条院に判官代として仕えて相模守に任じ、奥州の兵乱に際しては、陸奥守兼鎮守府将軍に任命されて安倍頼良を討ち、前九《ぜんく》年合戦《ねんかっせん》をおさめた。

中世以降に作成された系図によれば、東国武士の多くは、将門《まさかど》の乱《らん》平定に功績のあった藤原秀郷《ひでさと》の子孫である秀郷流藤原氏や、伝説の「つはもの」村岡五郎（平良文）の子孫である坂東《ばんどう》平氏で、押領使や鎮守府将軍などの中・下級貴族の子孫ということになる。彼らが未開の東国の地を切り開いていったイメージで語られることも多いが、東国にも古墳や古代寺院跡などがあり、古くから各地に有力者がいたことは明らかであるから、そうした一族を秀郷子孫や良文子孫がすべて駆逐していった、あるいは取って代わったと考えるのは現実的でない。

たとえば、三浦氏の場合、十一世紀後半の後三年合戦で活躍した三浦為継以降の系譜は各系図とも一致しているが、それ以前の人名は系図ごとにまったく違っている。為継の父が「権大夫」あるいは「平大夫」という「大夫」の称号を持つ人物である点と、いずれも数代前で「村岡五郎」に接続させようとしていることだけが共通する。中には「村岡五郎」の名が数代にわたって継承されていたかのように記している系図もある。三浦氏の系譜について、『源平闘諍録』（千葉氏が成立にかかわったとされる『平家物語』の一異本）は、

図１　伝三浦為継とその一党の廟所（清雲寺，横須賀市教育委員会提供）

常陸国に配流《はいる》された良文の子忠光（中世の物語・縁起において貴種を意味する「中将」がつく「常陸の中将」の名で呼ばれている）が赦《ゆる》された後、三浦半島に流れ着き、地元の土豪「青雲介」に婿取られて三浦郡・安房《あわ》国を領したのが三浦氏のはじまりであると説明する。これは中世の物語・縁起類に典型的な「貴種流離《きしゆりゆうり》譚《たん》」と呼ばれる話形である。

東国武士の系図には、祖先に東国の国司や国衙の軍事権を持つ押領使などの肩書きを付けているものが多いが、中世に成立した三浦氏関係系図の中には、三浦氏の祖先に「播磨中将」を付けているものがいくつかある。「播磨」と言えば、光源氏や源高明《たかあきら》が配流された明石が想起される。先の常陸に流された「常陸の中将」の例を踏まえると、三浦氏の出自神話には、より貴種性を持ち、東国の枠を越えた流離譚が存在していた可能性すらあるのである。

相模国波多野荘の波多野氏は秀郷流藤原氏を称しているが、実際には、『陸奥話記《むつわき》』に登場し、十一世紀後半の波多野荘の立荘にもかかわった佐伯経範の子孫であったと考えられる。波多野氏の系図には経範の存在を無視しているもの（続群書類従《ぞくぐんしょるいじゅう》所収「秀郷流系図波多野」）もあれば、経範を秀郷流の人物として系図に記し、その母方の系譜を佐伯氏に求めることで、実態と仮託の融合を図る系譜操作をしているもの（『尊卑分脈』『系図纂要《けいずさんよう》』）もある。

山内首藤《やまのうちすどう》氏の系図にも、北家《ほっけ》藤原氏師尹《もろただ》公孫につなげるもの（『山内首藤家文書』所収「山内首藤氏系図」、続群書類従所収「山内首藤系図」）と、秀郷流藤原氏につなげるもの（『尊卑分脈』）とがある。『陸奥話記』『殿暦《でんりやく》』康和四年（一一〇二）二月二十日条に源義家の従者として登場し、『魚魯愚鈔《ぎょろぐしょう》』所収の承徳二年（一〇九八）の官職申文からも実在が確認できる藤原助道（輔通・資通・資道とも記す）とその父助清（資清）の存在は共通するが、前者は、資清を左大臣師尹四代の孫上野《こうずけ》守通家が在国時に生まれた子で、上洛の途中、美濃国席田《むしろだ》郡司守部資信の子になったとの注記を付し、後者は、助清を秀郷五代の孫公清の「猶子《ゆうし》」とし、「守藤」の苗字が「本姓守部氏」に由来することを注記する。前者の続群書類従本は通家を「御堂道長の孫、権大納言長家の子なりともいう」とも言っており、いずれの伝承も事実関係の程は疑わしい（野口実『坂東武士団の成立と発展』弘生書林、一九八二年）。卑姓に属する守部氏の地方領主が、源氏の棟梁の従者となり、中央政府とのつながりを持ち、官職を獲得するなかで、藤原氏の養子になっていたと主張して藤原氏の系譜とウジ名を獲得したのである。

このように、もともと東国の地にあった有力者が武士化していく過程で、中央の貴種や藤原秀郷・平良文に自分たちの系譜を接合していくケースは少なくなかったと思われる。系図に記載された系譜を前提として、あるいはどれが正しいかを探るような「史料批判」をした上で平安時代後期の東国武士を論じることが一般的であるが、再考の必要があろう。

では、三浦氏が桓武平氏の子孫でないならば、どのような出自だったのか。為継の父が「権大夫」の称を持っていたと考えられることから、五味文彦氏は『水左記《すいさき》』承暦三年（一〇七九）八月三十日条に相模国の住人として登場する「権大夫為季」が為継の父だった可能性も考えるべきだろうと述べている（「相模国と三浦氏」『三浦一族研究』二、一九九八年)。「大夫」は五位の位階を持っていることを示す称号である。最下層とは言え貴族身分である五位の位階は、在地社会では大きなステータスシンボルであった。『新横須賀市史 通史編』で、平安時代の部分を執筆した近藤好和氏は、この「権大夫為季」を『尊卑分脈』北家藤原氏師尹公孫の「為季」(「散位、従五位下」の注記を持つ)に比定し、三浦氏の本姓は藤原氏につながる可能性を指摘している。しかし、その比定に十分な根拠があるわけではないし、そもそも貴姓である藤原氏で、公達層に属する貞信公忠平子孫の末葉であったならば、いくら伝説の「つはもの」とはいえ、諸大夫以下に過ぎない桓武平氏に冒姓するかという疑問を拭いきれない。むしろ、この時代の家格の観念からすれば、あり得ないといってもいい。三浦氏の出自は源平藤橘のような貴姓ではなく、三浦半島在住の卑姓の地方豪族であったと考える方がいいだろう。結論的には、三浦氏が本来いかなる出自であったのかは不明と言わざるを得ない。

三浦氏と源氏

これら東国の地に成長してきた在地の武士と、国司として東国に下ってきた都の中下級貴族である源氏の棟梁との間に結びつきが生じてくる。『陸奥話記』は源頼義について、「判官代の労によりて、相模守となる。ならい武勇を好みて、民多く帰服せり。頼義の政教威風大きに行われ、拒捍《きよかん》の類皆奴僕の如し。しかれども士を愛し、施しを好みしかば、会坂《おうさか》より東の方の弓馬の士、大半は門客となれり。任終わりて上洛せり」と述べ、相模守頼義が武力を背景とした統治を行う一方で、国内の武士たちに対しては融和的にこれを取り込もうとしていたとしている。ただし、相模国に限らない広範な東国武士との関係は「門客」の表記に見えるごとく緩やかな関係で、強力な主従関係にはなっていなかったし、前九年合戦における頼義による東国武士の動員も国衙軍制に基づく国衙機構を通じた動員であった。その後に起こった後三年合戦《ごさんねんかっせん》では頼義の子陸奥守義家が追討に当たったが、朝廷はこの戦を私戦とみなして恩賞を与えず、義家が私的に恩賞を与えることとなった。これによって源氏棟梁と地方武士との結びつきは強まり、主従関係が形成されていったが、十二世紀に入ると、内紛を契機に源氏は没落し、東国との関係も希薄になって結びつきは弱まっていった。

後三年合戦では源義家麾下の「つはもの」として「三浦の平太郎為次」（為継）や「鎌倉の権五郎景正」が従っていた（『奥州後三年記』）。彼らが「三浦」「鎌倉」という郡名を名乗っていることが注目される。彼らが領主として三浦郡・鎌倉郡という郡規模の領域的支配を実現させていたわけではないだろう。おそらくこれは郡規模の範囲で国衙支配の一端を担う地位を表象する名乗りだったと思われる。この時期には摂関家の家人クラスが相

図２　『後三年合戦絵詞』（東京国立博物館所蔵）

次いで相模守に就任していた。源氏の棟梁たちも摂関家の家人化しており、これと深いつながりがある。源氏棟梁と三浦氏との関係も、基本的には国衙を通じた関係であり、累代に及ぶ主従関係は成立していなかった。『今昔物語集』に登場する源頼光の家人平貞道を三浦為継の祖父（忠道？）と同一人と見なし、頼光との間にすでに主従関係があったとする伝承ものちには生まれる（続群書類従所収「平群系図」、入来院家本「桓武平氏系図」）。そこには、源氏との主従関係を少しでも遡らせようとする意図が見えており、これを事実と認定するわけにはいかない。

十二世紀には「兵《つわもの》の家」と呼ばれる「家」が成立していたことが『今昔物語集』に見える。武的な性格を持つ官職や役職を代々歴任し、武芸に

系図3　源氏系図

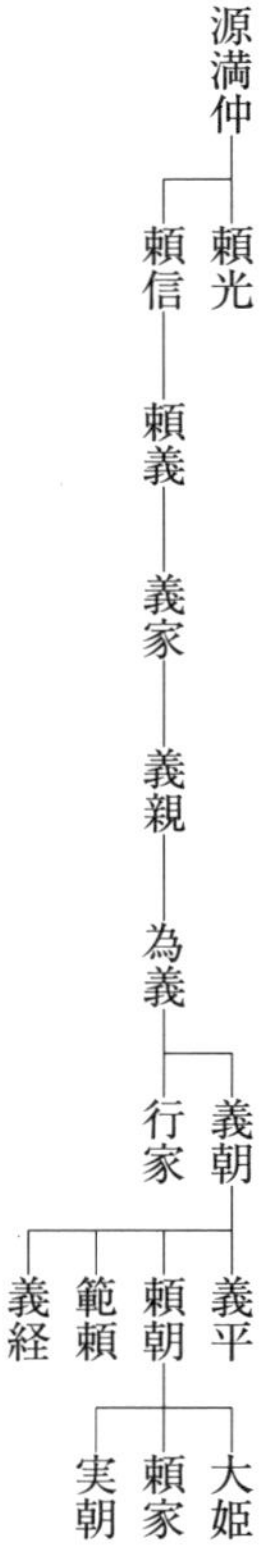

関する故実を伝えている「家」である。朝廷で行われた相撲節会《すまいのせちえ》に相撲人として出場するなど、「武」という芸能の担い手であるとともに、南都北嶺《なんとほくれい》に代表される寺社の抗争が頻発する中で、検非違使、あるいは院の私的武力として都の武力を担った。

荘園公領制と国衙

大庭御厨の立荘・停廃と三浦義継・義明

これまで中世初期の政治の動きや武士の問題を取り上げたが、荘園公領の存在なしに中世社会を語ることはできない。そこで天養二年（一一四五）三月四日付け官宣旨案（『天養記』）に記された伊勢神宮の荘園、相模国大庭御《おおばのみ》厨《くりや》を例に荘園と国衙との関わりを見ていこう。

十一世紀半ば、開発領主（平景正＝鎌倉権五郎）による荒野の囲い込みと権門（伊勢神宮）への寄進が行われ、荘園領主である伊勢神宮には一定の「供祭上分」（貢納物）が納入されることとなった。寄進に際して景正は「国判」を副えている。私領や開発した荒野を荘園とするためには朝廷または国司による認定が必要であった。朝廷によって太政官符・

民部省符で認定が行われた荘園は官省符荘と呼ばれ、国司による国判で認定が行われた荘園は国免荘《こくめんのしょう》と呼ばれた。国免荘である大庭御厨の場合は、「国の祗承《ししょう》庁官」と称される国衙使による四至《しいし》の確定が行われ、立荘の手続きが完了した。下司と呼ばれる現地の荘官には開発領主が補任され、その子孫（平景宗）が下司の「職」を相伝した。また、四至外の「加納」「別符」と呼ばれる周辺地域の開発も進められている。

このころ、相模の国司（守＝藤原頼憲）は在京していたので、任地の相模国には留守所という役所が置かれ、派遣された目代《もくだい》（実務官人出身の者が多かった）の指揮のもと、在庁官人（庁官）たちによって田所・船所など「所」と呼ばれる国衙諸機関が運営されていた。遥任国司は、庁宣（国司庁宣）と呼ばれる文書で留守所に命じ、留守所は下文《くだしぶみ》などの文書を発給した。

朝廷による再三の荘園整理令によって、強力な由緒を持たない国免荘は「指せる官省符新立庄園に非ず」として、国司交代を契機に停廃される可能性があり、国衙側もとりわけ本免以外の「加納」「別符」については国衙領（公領）への編入を狙っていた。田所目代源頼清や在庁官人が武士を率い、実力行使をともなう形で停廃を実行したのが天養元年の大庭御厨乱入事件であった。このとき「三浦庄司平吉次」（義継）と「男同吉明」（義明、四十三歳）は、中村庄司宗平・和田太郎助弘とともに源義朝の代官が率いる国衙側の武力として行動している。記載の順から言えば、三浦氏は中村氏よりも上位であった。

この史料に登場する和田太郎助弘から「和田」の地を和田義盛が継承したと考えて、助弘を義盛の父杉本義宗の舅であったと想定する説（五味文彦「相模国と三浦氏」）があるが、この時代に舅から婿へと所領が譲与されることは原則としてない。後世の系図のなかには、舅から婿に苗字地が譲与されたことで系譜が変更されたと説明するものもあるが、これが系譜操作の所産であることは先に述べたとおりである。和田義盛の「和田」が三浦郡の和田（現、三浦市初声町）であることは間違いないが、相模国内には旧国衙所在の大住郡に「和太郷」があったし、高座郡にも「和田郷」の地名があるから、和田助弘の苗字地である「和田」は、三浦郡の和田とは別の「和田」だと考えた方がいいだろう。

三浦義明と相模国衙

源義朝の代官とともに大庭御厨に乱入したとされる三浦氏・中村氏は相模国の国衙に関与している一族である。鎌倉時代の三浦義村の言によれば、三浦義明が国衙の雑事にかかわるようになったのは天治年間（一一二四〜二六）だったが、大庭御厨に関する天養二年の官宣旨の文中では「在庁官人」のなかには含まれていない。その後、三浦義明は「三浦介」を称しているが、このことをどう考えた

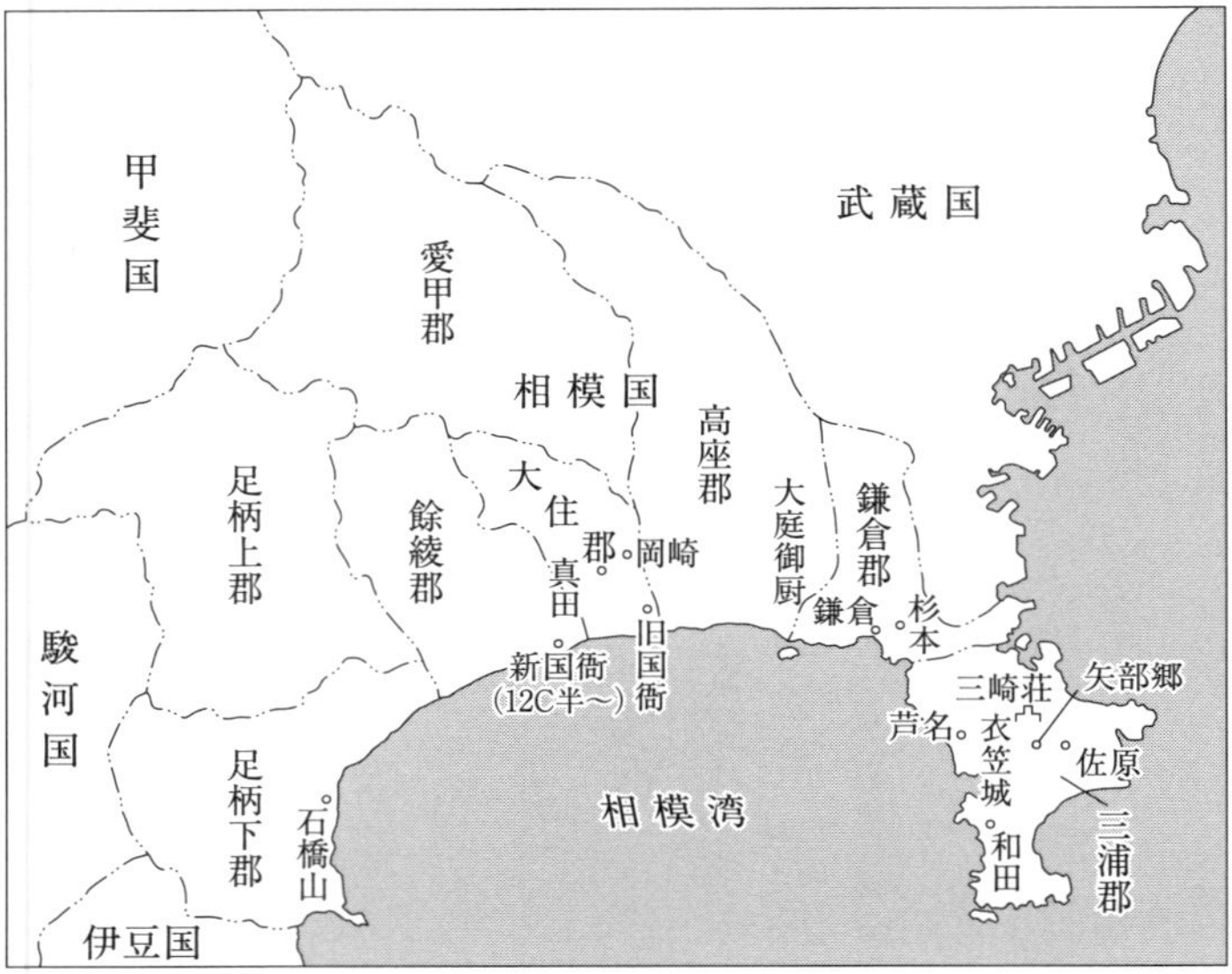

地図1　相模国図

らいいのだろうか。

まず、その職権だが、相模守護職の由緒を述べる義村が相模国の検断権（軍事警察権）を所持することは頼朝の時代に義澄が賜ったことに始まると言っているから、それ以前に義明が有していた「三浦介」の職権に検断権は含まれない。安芸《あき》国の葉山介に関する角重始氏の研究によれば、安芸国留守所下文に、目代の下位、惣大判官代・大判官代よりも上位に署名する「介源朝臣」が「安芸国大名葉山介」と称された源宗頼で、彼が署名を加えている留守所下文の内容は、郷司職の補任《ぶにん》、国内荘園の倉敷の認可、半不輸の認可に関するものである（「安芸国における荘園公領制の形成」『日本史研究』二七五、一九八五年）。院政期の国衙の実態を示す数少ない史料の一つ、半井《なからい》家本『医心方《いしんぼう》』紙背文書《しはいもんじょ》の「注進すべき雑事」に書き上げられているような多種多様な雑事（ただし、裁判や軍事・警察に関することは含まれていない）の統括責任者と見ていいだろう。義明は天治年間にこうした雑事にかかわるようになっていたが、のちに「三浦介」と称される地位を獲得して、国衙雑事の統括者になったのである。

次はその時期が問題となる。手がかりとなるのは『保元物語《ほうげんものがたり》』『平治物語』という軍記物である。『保元物語』では、保元の乱のころの義明を「三浦介義明」と記す本もあるが、古態を残すと言われている半井本は「三浦介」を冠していない。また、『平治物語』では、子息義澄を「三浦荒次郎義澄」と記す本が多い中、古態系の陽明文庫本は「三浦介二郎義澄」と記している。「介二郎」とは介の次男という意味であるから、この時点では父義明が三浦介を称していたということになる。『保元物語』『平治物語』とも鎌倉時代の成立ではあるが、人名表記は当時の呼称を用いていることが多いから、保元元年（一一五六）から平治元年（一一五九）までの間に、三浦介を称するようになったと考えておく。このころの相模守は不明であるが、源義朝・義平父子が鎌倉に拠点を持ち、相模国衙にも大きな影響を与えていた時期である。彼らの力添えもあって実力を高め、三浦介を称する程の地位を獲得していたと考えられよう。また、その地位ゆえに義朝麾下において重要な役割を果たすことになったものと見られる。

義明が三浦介を称していたころ、子息義澄は「三浦別当」と呼ばれている（延慶本『平家物語』、『源平盛衰記《げんぺいじょうすいき》』）。別当とは「所」と名の付く機関の長官を意味することが多い。国衙は、調所・細工所・船所など「所」の名が付く諸機関から構成されていた。義澄も父三浦介義明のもとで国衙のいずれかの「所」の長官となっていたのであろう。

三浦氏と三崎荘

義継は「三浦庄司」を称しているが、「三浦庄」の存在は史料的に確認できない。「工藤庄司」（狩野荘の荘官）「渋谷庄司」（吉田荘の荘官）「大庭庄司」（豊田荘の荘官）のように、「三浦」の地名の名乗りと、三崎荘の荘官職であることを示す「庄司」を組み合わせた称号が「三浦庄司」だろうとする五味文彦氏の説は的を射ていよう。

さて、その三浦半島所在の三崎荘は建長五年（一二五三）の「近衛家所領目録」の中に「冷泉宮領内」として見える（『近衛家文書』）。冷泉宮とは小一条院敦明《あつあきら》親王の娘儇子《けんし》内親王（一〇一八～九七）で、父小一条院や夫藤原信家から相続した荘園を中心とする所領は、

図３　昭和30年ごろの大矢部の景観（島崎良章氏所蔵）

彼女から養女源麗子、その孫の藤原忠実に伝領され、のちに近衛家領を形成する荘園群の一つとなっていた（川端新『荘園制成立史の研究』思文閣出版、二〇〇〇年）。忠実時代の摂関家年中行事の運営方法や用途について記す『執政所抄』によれば、三崎荘は儇子の忌日仏事費用を波多野荘などとともに負担していた。三崎荘も彼女が生きていた十一世紀後半に、三浦為継を開発領主、小一条院判官代や相模守を経歴した源頼義（九八八〜一〇七五）を仲介者として立荘され、「職」の体系化の中で義継の代にその権益が「庄司職」の形をとったのであろう。江戸時代に成立した『寛政《かんせい》重修《ちょうしゅう》諸家譜《しょかふ》』の三浦系図が、源頼義から奥州での勲功として相模国三浦郡を宛行われ、三浦を称するようになったと記しているのは、源氏の棟梁との主従関係の強さと古さを示そうとした虚構である。

「三崎」の現行地名が三浦半島先端部にあることから、その周辺が荘域であると一般には解されてきた。しかし、「三浦荘」という荘園が存在していないとなると、三崎荘はもっと広域の荘園だった可能性がある。三浦氏の館やゆかりの寺院が所在する大矢部地区が含まれるかどうかが問題となるが、大矢部地区は鎌倉時代においても「矢部郷」と史料に出てくるから（「鶴岡八幡宮文書」）、この地区は国衙領だったのだろう。一方、多くの摂関家領荘園の故地に藤原氏の氏神である春日社が勧請《かんじょう》されていることを考え合わせると、春日社がある東京湾側（『新編相模国風土記稿』によれば長沢・猿島に春日社が所在）を含むものだった可能性もある。そうすると、三浦半島にあった三崎荘や国衙領は散在的な分布状況だったのかもしれない。

保元の乱と平治の乱

摂関家の事情

鳥羽天皇への娘勲子《くんし》入内問題で白河院の勘気を蒙って失脚した藤原忠実は、鳥羽院政のもとで復権を果たし、子息関白忠通とも良好な関係を保っていたが、鳥羽院の寵愛を集めた美福門院《びふくもんいん》に接近する勢力との対立や興福寺の強訴《ごうそ》などの政治的混乱の中で、事態を収拾できない関白氏長者忠通への不信、次子頼長への溺愛などから、忠実・忠通父子の不和は深まっていった。忠実は頼長を「家」の後継者と位置づけ、忠通に譲ってあった先祖の日記（家記《かき》）原本や典籍類を取り上げて頼長に譲り始める。そして頼長・忠通がともに養女の近衛天皇への入内を画策し、行動を開始すると、その対立は決定的となった。「今夜大相公（忠通）、伊通卿の女を迎え子となす〈もとこれ美福門院の養子〉。即ち入内雑事を定むと云々。或いは曰く、その入内大相国張本たり。或いは曰く、美福門院張本たり。法皇またこれを許し、詐《いつわ》りて大相をして張本となす」と記す頼長の日記（『台記《たいき》』久安六年二月十一日条）には、鳥羽院・美福門院・忠通の連携の影におびえる頼長の姿が見える。

久安六年（一一五〇）、藤氏長者を象徴する品が収められている東三条殿に乗り込んだ忠実（七十三歳）は、遂に忠通（五十四歳）を義絶し、取り上げた氏長者の地位を頼長（三十一歳）に与えた。しかし、鳥羽院（四十八歳）の強力な政治力とその信頼を得ている美福門院（三十四歳）・忠通の前に頼長は活路を見出すことができず、追い込まれていった。近衛天皇と養女多子《たし》との間に皇子が生まれれば、政局は大きく変化した可能性もあったが、天皇の死によってその機会は絶たれた。『台記』久寿二年（一一五五）八月二十七日条には近臣藤原親隆の伝えた話が自虐的に書き残されている。鳥羽院が忠実と頼長を憎む由縁は、巫女に口寄せされた近衛天皇の霊が愛宕山の天公像の目に何者かが呪詛の釘を打ち込んだために目が見えなくなり死んだのだと語ったことを伝え聞き、調べたところ事実釘が刺さっており、美福門院と忠通がこれを忠実と頼長の仕業だと疑ったからだというのである。

保元の乱と

三浦義明

近衛天皇の春宮《とうぐう》は不在であり、後継天皇は決められていなかった。鳥羽院の御所で後継者を決める会議が開かれたが、頼長は服喪中を理由に参加を拒まれた。候補者には崇徳《すとく》上皇の皇子重仁（十六歳）と鳥羽院の皇子雅仁親王の子守仁（十三歳。ともに美福門院の養子）がいたが、鳥羽院の実子であることが疑わしいとの噂もある崇徳上皇の系統を忌避したい鳥羽院、鳥羽院の死後に崇徳院政が開始されると権力基盤を失いかねない美福門院、雅仁の乳母の夫信西《しんぜい》（藤原通憲、五十歳）らの思惑で重仁は排除され、守仁への継承を前提に、その父雅仁（後白河天皇、二十九歳）が践祚することになり、新帝の兄に過ぎない崇徳上皇（三十七歳）が「治天の君」として院政を行う可能性は消えた。鳥羽院が病床に伏したときも崇徳上皇は見舞いに訪れなかったという（『兵範記』保元元年六月三日条）。

専制君主である鳥羽院が生きているうちは、その重しによって、現状に不満を懐く勢力や、それを一気に排斥しようとする人たちの動きが弾けることはなかったが、保元元年（一一五六）七月二日の鳥羽院の死は一気に情勢を変えた。

現状に不満を持つ崇徳上皇や藤原頼長が源為義らの武力をたのんで反旗を翻したわけではない。先手は後白河天皇側から打たれた。七月五日、天皇方は検非違使に命じて京中で武士が活動することを止め、配下の武士たちを引き続き内裏と鳥羽殿の警固に当たらせる一方、頼長に仕える大和国の武士を東山辺りで捕らえ、八日には頼長が管領する東三条殿とその東蔵町を接収した。東三条殿はこの「家」にとって主要な儀式を行う中心的な邸宅であり、蔵町には摂関家や藤氏長者の地位を象徴する品々が収められていたから、ここが天皇方によって差し押さえられた意味は大きかった。

次々と崇徳上皇・頼長を追い詰めた上で、平清盛（三十九歳）・源義朝（三十四歳）らの率いる六百余騎が、源為義（六十一歳）らの軍兵が集まっていた白河殿を襲って、あっけなく勝負は決した。仁和寺《にんなじ》近くに逃げ隠れていた崇徳上皇は捕らえられ、頼長は大和国に逃れる途中で敗死した。その間、頼長は宇治にいた父忠実を頼ろうとしたが、忠実はそれを拒絶したという。為義は逃げさまよったあげく、捕らえられて子息義朝らの手で処刑された。

『保元物語』によれば、義朝方には相模国の大庭景義・景親兄弟、山内首藤俊通・俊綱父子、海老名季貞、波多野義通をはじめ、安房国《あわ》・上総国《かずさ》・下総国《しもうさ》・武蔵国・上野国・下野国・常陸国などの東国武士が加わっていたが、その中に三浦一族の名はない。逃亡中、源為朝は父為義に対して、東国に赴き、三浦義明（五十六歳）や畠山重能・小山田有重の力を得て再起することを進言したというから、保元段階の三浦氏は、どちらかと言えば、義朝よりもその父為義と結びつきが深かったのかもしれない。

従来、三浦氏と義朝との強い繋がりを示すものとして、義朝の長子義平の母が三浦義明の娘であったことが提示されてきた。しかし、これは続群書類従所収の「清和源氏系図」や、義平を英雄化する改作が施された『平治物語』の後出本によるもので、比較的信がおける系図集である『尊卑分脈』は、義平の母を橋本の遊女、あるいは朝長と同母とする（『吾妻鏡』によれば、朝長の母は波多野氏）。また、古態本の『平治物語』や中世に成立が遡る三浦氏関係系図などにはこの婚姻関係に関する記述が見えない。したがって、義平の母を義明の娘とする伝承には疑念がある。義平を英雄視するために、母の出自を相模国第一の豪族三浦氏に仮託したと考えた方がいいのだろう。

院の近臣と平治の乱

保元の乱後、「九州の地は一人の有なり。王命の外、なんぞ私威を施さん」と、天皇による全国土支配を宣言し、神人・悪僧の濫行停止を命じる保元新制の発布や記録所の再興、公事・年中行事の復興、内裏再建、京都の都市整備など、後白河親政下での信西らによる改革が進められた。『愚管抄』は「偏ニ信西入道世ヲトリテアリ」、『今鏡』は「ひとへに世中をとりおこなひて、古きあとをも興し、新しき政をもすみやかにはからひおこなひける」と記している。保元三年八月、後白河天皇は予定どおり子息守仁（二条天皇）に譲位し、後白河院政を開始するが、二条天皇側近の藤原経宗・同惟方が力を伸ばし、院の近臣の中でも藤原信頼が寵愛を得るなど政情は不安定な様相を帯びてきた。そして平治元年（一一五九）十二月、平治の乱が起こる。

この乱について、かつては平清盛・源義朝という武士同士の対立、さらには院近臣信西（五十四歳）と藤原信頼（二十七歳）との権力争いに、保元の乱でより大きな恩賞を得た平清盛に対する源義朝の不満が結びついて起こったと言われてきた。しかし近年では、後白河院に代わり二条天皇を「治天の君」にしようとする二条親政派（藤原経宗・惟方とその武力としての美濃源氏）の動きが注目されている（元木泰雄『保元・平治の乱を読みなおす』NHKブックス、二〇〇四年）。この親政派は後白河院政派（信頼・藤原成親ほか）と対立していたが、新興勢力である信西が子息たちを要職に就けるなど目に余る専横を行うようになると、共通の敵の排斥という利害関係の一致で結びついた。そして信頼の命を受けた源義朝が信西やその子息等の殺害を謀って後白河院の三条殿を襲った。この戦には、義朝の郎等《ろうどう》として、三浦義澄（三十三歳）や山内首藤俊通・俊綱父子などの東国の武士も加わっていた。『平治物語』は、義朝と生死をともにした側近鎌田正清の次に義澄の名を載せており、義朝の郎従の中でも義澄が重要な位置にあったことを示している。『平治物語』が義澄を「三浦介二郎」、すなわち三浦介である義明の二男と称しているように、父義明がこの時期までに相模国衙の統括責任者になっていたことが、義澄の立場を支えていた。

後白河院や二条天皇は信頼らに監禁され、信西は脱出したものの、親政派の武士源光保らによって斬首された。共通の敵信西を倒した後、親政派は独自の動きを見せ、熊野詣から戻った平清盛と結んで二条天皇を清盛邸に脱出させ、それを知った後白河院も信頼らを見捨て脱出を図った。掌中の玉を失った院政派は正統性を失って敗北が決定的となり、これまで例を見ない公卿藤原信頼の斬首という結末を迎える。翌年、後白河院に対する無礼を咎められて、親政派の経宗・惟方が配流され、当初中立を保っていた清盛一人が失脚せずに残ることとなったのである。

院政期の文化

文化の特徴

高校の日本史教科書は、院政期の文化の特徴として、中央の文化が地方に伝播したり、地方の武士や庶民の文化が貴族文化に取り入れられた点を挙げている。聖《ひじり》などの民間布教者の活動によって各地に阿弥陀堂が建てられたり、安芸国の厳島神社に平清盛の発願《ほつがん》による豪華な『平家納経《へいけのうきょう》』が納められたこと、武士や庶民を取り上げた説話集『今昔物語集《こんじやくものがたりしゅう》』、坂東・奥州での合戦を描いた『将門記《しょうもんき》』『陸奥話記《むつわき》』などの初期軍記が成立したことなどがそれに当たる。『今昔物語集』『将門記』には、三浦一族の祖先に擬された桓武平氏の活躍が書かれ、『陸奥話記』には源頼義と東国武士との結びつきも描かれている。

民間の流行歌謡である今様を後白河院が愛好し、『梁塵秘抄《りようじんひしよう》』にまとめたこと、田楽・猿楽などの芸能が流行したことも教科書には書かれている。鎌倉時代の三浦光村が猿楽を演じたことが『吾妻鏡』に見える。十二世紀末の東国において、芸能・文化に中心的な役割を果たしていたのが、伊豆山・箱根山などの寺社であった。寺社に所属する児童（稚児）が舞楽・管絃などの芸能を担っていた。光村が幼少期を鶴岡八幡宮で過ごしたように、こうした寺社は武士子弟の教育機関としての機能も持っていたと見られる。

教科書にはほとんど記述がないが、十一世紀末から十二世紀にかけては、『後拾遺和歌集』（白河天皇下命。一〇八六年成立）、『金葉和歌集』（白河上皇下命。一一二六〜二七年成立）、『詞花《しか》和歌集』（崇徳上皇下命。一一五一年成立）、『千載《せんざい》和歌集』（後白河上皇下命。一一八八年成立）の四つの勅撰集がつくられている。八代集の半分がこの時期に成立しているのである。歌合《うたあわせ》の盛行はもちろん、五十・百など一定数の歌を一人もしくは複数で詠む『堀河院百首』などの定数歌が重視されるようになったのもこのころである。摂関期と比べて、歌の読み手の裾野も広がっている。地下官人や院の北面に候じるような侍層、神官などが歌合を開いたことも知られる。諸大夫層に属する宇多源氏出身の僧俊恵《しゆんえ》が白河の僧坊で開いた歌林苑には多くの地下《じげ》の人々が集まって歌合が行われ、私撰集もつくられた。院政期は前代にもまして和歌の時代であった。

漢字を用いて漢文体で記された貴族の日記の中でも、和歌は仮名文字で表記される。漢字の音を借用した万葉仮名で書かれることもあるが、和歌を漢文体で記すことはない。仮名が「女手」とも言われたように、文字にはジェンダーがあったが、和歌を書くため、漢文体では書き表せない細かな言い回し、美麗な装束を表現するために、男性も仮名を使用した。そうした仮名と和文体を使って歴史を語る、『大鏡』『栄花《えいが》物語』『今鏡』などの歴史物語が書かれ、重要な公事《くじ》を男性が仮名を使って書いた『高倉院厳島御幸記』などの日記も登場した。

一方、貴族にとっては中国の古典や漢詩こそが基礎的かつ必須の教養であった。貴族の「知」の底流は中国古典だと言っても過言ではない。日宋貿易を通じて中国から漢籍がもたらされて院や貴族たちに珍重された。「日本一の大学生」と評された藤原頼長の漢籍コレクションや、平清盛が輸入した宋の類書（諸書の記事や文章を項目ごとに分類配列した一種の事典）『太平御覧《たいへいぎょらん》』を高倉天皇に贈ったことが知られている。中国ではすでに散逸してしまった貴重書が日本に現存していることも少なくない。

絵巻物に描かれた三浦氏

『源氏物語絵巻』『伴大納言絵詞《ばんだいなごんえことば》』『信貴山縁起《しぎさんえんぎ》』『年中行事絵巻《ねんじゅうぎょうじえまき》』などの絵巻物が盛んにつくられ始めるのもこの時代である。絵巻をもっとも愛好したのが後白河院で、多くの絵巻物をつくらせ、河東《かとう》の蓮華王院の宝蔵や鳥羽勝光明院の宝蔵に納めていたという。後白河院の鳥羽の宝蔵と摂関家の宇治の宝蔵は、古今東西の珍宝が納められている場所として伝説化され、世に在る珍物には宝蔵から取り出されたという伝承的な由緒が付加された。

蓮華王院の宝蔵には後三年合戦を描いた絵巻が納められており（『吉記《きっき》』承安四年三月十七日条）、のちに鎌倉幕府将軍の源実朝が「奥州十二年合戦絵」を京都から取り寄せたことも記録されている（『吾妻鏡』）。現在に伝わる『後三年合戦絵詞』（東京国立博物館蔵）は貞和三年（一三四七）に製作されたものだが、そこには鎌倉権五郎景正の目から矢を抜こうとする三浦為継の姿が描かれている（三一頁、図2参照）。

三浦義澄も参加した平治の乱を描く『平治物語絵巻』（ボストン美術館・東京国立博物館蔵）が鎌倉時代に製作されている。牛車《ぎっしゃ》に乗る束帯《そくたい》姿の貴族や、馬に乗る狩衣《かりぎぬ》姿の貴族たちと身分の低い雑兵たちの顔が明らかに描き分けられているのは、貴族たちが別世界にいる身分の低い武士を卑しい存在と見なしていたことを示す表現なのだろう。そこからは絵

図４　「三条殿夜討巻」（『平治物語絵巻』，ボストン美術館所蔵）

巻物の受容者であった貴族たちの身分に対する視線を感じることができる。一方で貴族社会の末端にいる近衛の武官や随身《ずいじん》の姿には美を見出し、鎌倉時代には『随身庭騎《ていき》絵巻』（大倉集古館蔵）などを制作し、その美を描きとどめた。

三浦一族ゆかりの仏像

阿弥陀信仰の盛行にともない、院政期には阿弥陀像が多く像立された。中尊寺《ちゅうそんじ》金色堂《こんじきどう》や白水《しらみず》阿弥陀堂の諸仏、浄瑠璃寺の九体阿弥陀仏、大原往生極楽院の阿弥陀三尊像がある。十一世紀段階では定朝様《じょうちょうよう》の影響が強いが、十二世紀後半になると、南都仏師が新しい作風を見せ始めると言われている（辻惟雄『日本美術の歴史』東京大学

図５　阿弥陀三尊像
（浄楽寺，横須賀市提供）

図６　観音菩薩像（滝見観音）
（清雲寺，横須賀市提供）

出版会、二〇〇五年)。

三浦半島にも十一世紀前半の薬師三尊像(現、天養院蔵)をはじめ、平安末期の阿弥陀三尊像(大善寺蔵)、千手観音像・金剛力士像(ともに等覚寺蔵)などの仏像が残されている。大善寺は三浦氏の本拠地付近にあるゆかりの寺院であるから、三浦一族の発願で造像されたものである可能性が高いし、他の寺院の仏像も三浦一族がかかわっていると考えられている。衣笠城の最頂部からは経塚《きょうづか》が発見されており、銅製の経筒などが出土している。経塚は平安時代後期の末法思想《まっぽうしそう》の影響で流行したもので、三浦一族の末法思想の受容を示している。

やや時代が下った鎌倉時代の仏像には、和田義盛夫妻の発願で運慶《うんけい》が製作したことを記す銘札を持つ浄楽寺不動明王像・毘沙門天像があり、同寺の阿弥陀三尊像も運慶作と考えられている。また、曹源寺の十二神将は運慶周辺の仏師による秀作として知られる。佐原《さはら》義連《よしつら》がつくった満願寺には、慶派仏師の作と推定されている観音菩薩像・地蔵菩薩像が伝わる。三浦半島所在の仏像の中でも歴史的な意味で注目されるのは、清雲寺の観音菩薩像(滝見観音)であろう。中国南宋時代に江南地方で製作された像で、日宋間の交易を通じて将来されたものと見られる。三浦氏は、義村の時代に九州の宗像《むなかた》社や神崎荘を所領とし、日宋貿易にかかわったと考えられており、その時期にもたらされたものであろう。

三浦一族の発展と鎌倉幕府

義明・義澄・義盛の時代

十二世紀後半は、武士出身の平清盛が政権を掌握し、平家を倒した源頼朝が幕府を開いて軍事的にも財政的にも国政の重要な部分を分掌するようになる時代である。平治の乱後、平家が力をのばすなかで、源氏の家人であった三浦一族は逼塞していたかのように思われるかもしれないが、相模国は平家の影響が少なかったことが幸いして、三浦氏はそれまで以上に勢力を拡大していた。古刹杉本観音で知られ、交通の要衝でもある鎌倉郡杉本（現、鎌倉市）を義明の長子義宗が苗字の地とし、相模国の旧国衙所在地に近い大住郡岡崎（現、平塚市）には義明の弟義実が進出した。義宗は安房国の長狭氏との合戦で傷を得て死去したと伝えられており、海を越えた房総半島にも一定の影響力があったことが窺われる。西相模の中村氏や武蔵国の畠山氏、伊豆国の伊東氏、上総国の上総介氏など、各国の国衙に食い込んでいるような有力武士と婚姻関係を築いたのもこの時期である。頼朝の挙兵を支えた三浦一族は、長老義明、若き佐那田義忠（義実の子）の討ち死という代償を支払ったことで、ますます頼朝の信頼をうけて、義明の子義澄は相模国守護、その弟佐原義連は頼朝側近として重用され、義宗の子和田義盛は侍所別当となるなど、一族は鎌倉幕府に重要な地位を占めた。武家政権の成立によって、中世という時代も、三浦一族も第二ステージを迎える。

平氏政権

後白河院と平清盛

平治の乱後も、後白河上皇・二条天皇が並び立ち、協調して政務を運営する体制がしばらく続いた。『愚管抄《ぐかんしょう》』もこの間を「平治元年ヨリ応保二年マデ三四年ガ程ハ、院・内申シ合《あわせ》ツ、同ジ御心ニテイミジクアリケル」と記している。しかし、応保二年（一一六二）に院の近臣源資賢・平時忠が天皇を呪詛した疑いで流罪に処せられる事件が起こると、後白河院とその近臣の力は弱まり、「主上世ノ事ヲバ一向ニ行ハセマイラセテ」と言われるような二条天皇主導の体制へと変化した。その中で平家一門は二条天皇に接近して奉仕を怠らなかったが、清盛自身は後白河院と二条天皇との間を「アナタコナタシケル」有様だったという。このころの清盛はまだ権中納言に過ぎず、応保元年に得た都の軍事警察権を握る検非違使別当《けびいしべっとう》の地位を翌年には辞している。一方で、長寛二年（一一六四）には、関白藤原基実と婚姻関係を結ぶなど、政権中枢との関係強化に努めていた。

ところが、翌永万元年（一一六五）、二条天皇が重病に陥り、皇子の六条天皇（二歳）に譲位してまもなく、亡くなってしまう（二十三歳）。さらに翌仁安元年（一一六六）には二条・六条二代の天皇を支えていた摂政藤原基実が亡くなる（二十四歳）。ここに後白河院・二条天皇の二元的な体制は解消され、幼帝六条天皇を擁する本格的な後白河院政が開始された。後白河院の寵愛を受けている平滋子《しげこ》（建春門院）は清盛の妻時子の妹であり、滋子が生んだ憲仁親王（高倉天皇。六歳）を春宮《とうぐう》に立てることで後白河院と清盛の利害は一致した。清盛は後白河院政のもとで、家格の壁を打ち破り、内大臣、さらに仁安二年には太政大臣の地位に昇った。

『平家物語』はこの常識外れの昇進を何とか合理的に説明しようとして、清盛が白河院の落胤であるという説を持ち出した。落胤譚は物語・伝承の世界ではおきまりのパターンである。近年、落胤説が再提起されているが、同時代の貴族の日記を見ても、清盛を王胤視・落胤視する言動はまったくない。かつて白河院が行った「天下の品秩」を破る人事を後白河院が極端に行った結果が、清盛の異例の昇進だったに過ぎない。

清盛の権力掌握過程

長寛元年には清盛の嫡子重盛（二十六歳）、仁安元年には弟頼盛（三十四歳）、翌二年には次子宗盛（二十一歳）、同三年には弟教盛（四十一歳）、嘉応二年（一一七〇）には弟経盛（四十七歳）が次々と公卿に列した。また、教盛は政務運営の要である蔵人頭《くろうどのとう》、重盛・頼盛・教盛・経盛は天皇家経済の中核を担う内蔵頭《くらのかみ》に就任している。重盛の昇進コースは諸大夫層のものだったが、弟の宗盛は公達層の昇進コースを獲得し、清盛が内大臣・太政大臣となり、その後、重盛・宗盛が右大将を経歴したことで、この家が清華家《せいがけ》に昇る道が切り開かれた。

その間、仁安二年五月、清盛の嫡子重盛に「東山・東海・山陽・南海道等の賊徒」の追《つい》討《とう》を命じる宣旨（仁安宣旨）が下されている。この時期目立った海賊の蜂起は史料上窺われないので、この宣旨は対処的なものではなく、全国的な軍事警察権を重盛に与えたものと評価されている（五味文彦「平氏軍制の諸段階」『史学雑誌』八八―八、一九七九年）。ただ、この中に畿内が入っていないことには注意が必要だろう。平家は内乱の最中の養和元年（一一八一）になってようやく畿内近国の軍事警察権を「総官職」という名で手にすることになる。

また、『兵範記』仁安二年十二月三十日条の「除目《じもく》・叙位・僧事等、御使として前太相国亭〈六波羅〉に向かう。両度往反。深更御定《ごじょう》切れおわんぬ」という記事は、除目・叙位・僧事（僧位・僧官の人事）などの朝廷人事が後白河院の専権事項にはなっておらず、清盛と後白河院との相談で決定されていたことを物語っている。

仁安三年、病を得た清盛（五十一歳）は出家したが、数日後には待望の高倉天皇践祚《せんそ》が実現した。摂津国福原に引退した清盛の目は海外へと向けられ、珍宝を求める後白河院も関心を寄せる日宋貿易が展開されることになる。嘉応二年には後白河が清盛の別荘を訪れ、来着した宋人を見物したことは、異国をケガレた地と考える貴族たちを驚かせ、「我朝延喜以来未曾有の事なり。天魔の所為か」と嘆かせた（『玉葉《ぎょくよう》』同年九月二十日条）。

承安元年（一一七一）、清盛の娘徳子（十七歳）が高倉天皇に入内《じゅだい》した。古代以来、権力掌握のためのオーソドックスな手法である娘の入内、天皇の外戚化という方法を清盛も選択した。承安四年には後白河院と建春門院が福原・厳島神社に御幸するなど、後白河院と清盛の蜜月状態は続いたが、両者の接着剤の役割を果たしていた建春門院が安元二年に亡くなると、人事等をめぐる亀裂が顕在化し、治承元年（一一七七）の延暦寺強訴《ごうそ》事件に対する対応をめぐって、清盛と後白河院およびその近臣との対立は決定的となった。その年の六月、僧俊寛《しゅんかん》の山荘で院近臣たちが平家討伐の陰謀を企んだとされる、いわゆる鹿ケ《ししが》谷《たに》事件が起こる。『百錬抄《ひゃくれんしょう》』は「入道大相国、権大納言成親・右近少将成経・左衛門尉師光法師〈法名西光《さいこう》〉を召し取り、西八条亭に禁固す。おのおの上皇恩寵の輩なり。成親卿已下《いか》密謀あるの由、源行綱、入道相国に告言すと云々。夜に入り師光法師梟首《きょうしゅ》せらる」と記している。このとき清盛は事件の背後にいたと見られる後白河院の身柄には手を出さなかった。

治承二年十一月、徳子が高倉の皇子を産んだことは、清盛が天皇の外祖父となることを保証するものであったから、その立場を一気に優位にした。早くもひと月後には立太子《りったいし》が行われ、これによって外孫を天皇に立て、娘婿高倉による院政をしく準備が整った。

治承三年のクーデター

治承三年八月、清盛と後白河院の緩衝材の役割を果たしていた嫡子重盛（四十二歳）が死ぬと、後白河院は清盛を逆なでするような行動を次々ととる。これに対して清盛が一挙に実力行使に出たのが、「治承三年十一月のクーデター」と呼ばれる事件である。『百錬抄』や藤原兼実の日記『玉葉』から事件の概略を見ておこう。

十四日、厳島参詣帰りの宗盛と数千騎の武士を伴って清盛が上洛して、京都の町は大混乱となり、十五日には「天下の大事出来」の報が京都を駆けめぐった。徳子と春宮が清盛の八条亭に入ると、清盛は子息重衡を高倉天皇のもとに差し向け、「このところ私はまったく捨て置かれております。朝廷の政治の様子を見ていると、安心できません。世間がその報いを受けてから悔やんでも無駄でしょう。身の暇を賜って、田舎に隠居するに越したことはありません。それで徳子と春宮をお連れして行くのです」と伝えた。あわてた高倉天皇は関白藤原基房（三十六歳）とその子中納言師家（八歳）を更迭《こうてつ》し、藤原基通（二十歳）を新関白とする人事を行った。恐れをなした後白河院も今後政務に口出ししない旨を申し入れ、十七日には後白河院近臣の公卿の解官を柱とした大規模な人事の刷新が行われた。二十日、後白河院は鳥羽殿に移ったが、これは清盛が強行した幽閉で、清盛配下の武士が守護する鳥羽殿の門戸は固く閉ざされ、二人の側近公卿と僧、二、三人の女房以外の参入は許されなかった。

藤原兼実はこの事件発生の原因を、①重盛から維盛に伝領された知行国越前を後白河院が収公してしまったこと、②清盛の娘で亡夫基実の遺領を管理していた平盛子が亡くなった後、その白河殿の蔵預の人事を勝手に行ったこと、③摂政基房の子でわずか八歳の三位中将師家が基実の嫡男二位中将基通を超えて中納言に任じられたことの三点に求めている。

そして清盛は①②を「法皇の過怠」、③を「博陸（関白基房）の罪科」と考え、法皇と基房とが同意して国政を乱しているとして怒ったのだと日記『玉葉』に書き記している。

後白河院政は停止され、基通を関白とする高倉親政が始まった。清盛の意向が反映される政権である。歴史教科書などでは、仁安二年に清盛が人臣を極める太政大臣に就任したことが重視されているが、太政大臣は名誉職であり、それをもって「政権」の成立と認めることはできない。「平氏政権」は、このクーデターで後白河院政を否定してはじめて成立すると考えるのが順当だろう。翌年二月には三歳の安徳天皇が践祚して、形の上では高倉院政へと移行した。

最近、一一七〇年代の平家を、国家の軍事警察権を掌握し、朝廷から半独立的な性格を持つ存在であったと見て、これを清盛を首長とする「六波羅幕府」と捉え、鎌倉幕府の先駆的な存在と位置づけようとする提言がなされた（高橋昌明『平家と六波羅幕府』東京大学出版会、二〇一三年）。軍事警察権の問題をとっても、仁安宣旨の評価や検非違使庁との関係、八〇年代の総官職との関わりなど、多くの問題があり、ただちに首肯できないが、今後の議論が期待される。

平氏政権下の東国

京都を中心とした政治の動きを述べてきたので、このころの東国の様子も見ておこう。平治の乱には三浦義澄・山内首藤俊通・渋谷重国・足立遠元・平山季重・斎藤実盛・上総介広常ら相模・武蔵両国を中心とする東国の源義朝家人が従軍していたが、彼らが処罰を受けた形跡はない（『平治物語』）。後白河院の近臣藤原信頼が長く国守を勤めていた武蔵国は、平治の乱後平清盛の知行国となり、国守には一門の知盛・知重・知章が相次いで就任した。東国における平家の権力基盤は武蔵国だったと見ていいだろう。かつて義朝に従った斎藤別当実盛は「別当」の名乗りから見て国衙の「所」の別当だったと考えられるし、秩父系の河越氏は、のちに「武蔵国留守所総検校職」と称される「職」につながる何らかの権能を有していた。国衙に関与していた彼らは、国衙を通じて平家と強く結びつくことになる。常陸国は保元の乱前から頼盛・宗盛ら平家がずっと国司に就任して、仁安ころからは後白河院の近臣がそれに代わっていたが、クーデター後は平家が取り戻していた。

それに対し、相模・上総・上野・下野の国司は後白河院の近臣が占め、安房国は中立的な立場をとる藤原経房の知行国となっていた。上総はクーデターで藤原為保が解官され、平家の家人藤原忠清が国司に就いた。相模国も院の近臣平業房が解官されているが、相模国の新任国守藤原範能は平家に近い人物というわけではなかった。駿河は治承三年に平宗盛の知行国化していたが、伊豆の場合、平家関係者が知行国主・国守となるのは、知行国主だった源頼政の敗死後のことである。源頼朝の挙兵時に、伊豆国の工藤介狩野茂光・相模国の三浦介義明を含む伊豆・相模国の武士の一部がそれを支え、武蔵国の武士の多くは平家方に付いたこと、反乱追討に際して駿河の武士を率いた目代橘《たちばなの》遠茂《とおもち》が重要な役割を担っていたことなど、東国武士の去就には、それぞれの武士と国衙との結びつき、各国の国衙と平家との結びつきの強弱が反映されていた。

内乱のはじまり

シンボルとしての以仁王

治承四年（一一八〇）五月十五日、後白河院の皇子以仁王《もちひとおう》（三十歳）の屋敷を検非違使が取り囲んだ。「謀反の聞こえ」ありとのことで、朝廷が先手を打って配流を決し、捜索と身柄確保に向かったのである。以仁王は難を逃れ、園城寺《おんじょうじ》へと向かった。以仁王の挙兵は未遂とも言えるものであったが、日頃対立している園城寺・延暦寺・興福寺がこのときばかりは連携して以仁王を支持したことは大きな意味を持っていた。またそれは、いかに平氏政権が寺社勢力の反感を買っていたか、王権の正統を主張する以仁王に対する待望論があったかを物語っている。興福寺を頼った以仁王や源頼政（七十七歳）の一族は途中の宇治であっけなく敗死したが、南北の大寺院の大衆《だいしゅ》（僧兵）が行動を起こしたことで、京都をめぐる情勢は一気に不安定になった。六月、清盛は福原遷都を強行する。これによって多くの政務や儀式の遂行が困難になったため、貴族たちの反発は激しく、十一月には還都せざるを得なかった。

以仁王の事件をはじめとする内乱の動きの中で、鳥羽院皇女八条院暲子《しょうし》内親王の存在は注目される。以仁王は八条院の養子で、八条院女房との間に子を儲けていたし、以仁王が発給した平家追討の令旨《りょうじ》を持って全国を廻った源行家は八条院蔵人の肩書きを帯びていた。平家の中でも清盛らと一線を画した独自の行動をとる弟頼盛は八条院に近い人物である。父鳥羽院から相続した莫大な財産を持ち、何事にもこだわらないおおらかな性格であったと言われる八条院は、後白河院からも頼られ、好むと好まざるとにかかわらず、反平家勢力の庇護者の役割を果たしていた。

平家追討に呼応した武士たちにとって、以仁王の令旨は挙兵の大義名分であった。石橋《いしばし》山合戦《やまかっせん》に赴く頼朝軍がこの令旨を御旗の横上《よこがみ》に取り付けて掲げていたという逸話（『吾妻《あずま》鏡《かがみ》』八月二十三日条）はそれを最もよく示しているだろう。源（木曾）義仲は以仁王の分身として、遺児と称する北陸宮を擁していた。その後も九月から十一月にかけて、以仁王が東国で生きているという噂が京都に伝わっているのは、以仁王の存在を大義名分とする頼朝らの情報操作だった可能性もあろう。平家滅亡後の文治元年（一一八五）七月、大地震が起こった後にも京都で以仁王生存の噂が流れ、それが事実ならば「天下の大幸」とまで言われている（『玉葉』）。不安定な状況の中で、人々は以仁王という救世主の登場を望んでいた。元暦元年（一一八四）には中国地方に後白河院の落胤を称する人物が現れ、その地の反平氏勢力の旗頭になっている。最初は鹿ヶ谷事件の主謀者藤原成親《なりちか》の子と称し、その後、後白河院の落胤を称したうさん臭い人物である（『玉葉』元暦元年二月二日条）。内乱期においては、各勢力が自己の正当性を主張するために王胤をシンボルとして擁していた。

頼朝の挙兵と三浦一族

以仁王事件のころ、三浦義澄や千葉胤頼は在京しており、宇治合戦に官軍として動員された。『吾妻鏡』は「番役により在京する所なり」としている（治承四年六月二十七日条）。『吾妻鏡』建久三年（一一九二）十一月二十五日条には平氏政権下における武蔵国の武士が京都大番役を勤めていたことが記されている。武蔵国は平家の知行国であるが、相模国は平家との結びつきが弱いから、平家の私的な動員ではあるまい。義澄や胤頼に課せられた「番役」は、中央政府から国を単位に制度的に課せられた京都大番役だと考えられる。

以仁王の令旨を受けた源頼朝（三十四歳）は、治承四年八月十七日、伊豆国に配流されていた平氏一族の山木兼隆を討った。その後、伊豆を出て、兼ねてより従っていた伊豆・相模国の武士三百騎を率いて相模国の石橋山に陣した（『吾妻鏡』）。

頼朝が挙兵した際、相模国では八月初めに京都から戻った大庭景親が率いる相模の武士と熊谷直実ら「平家被官の輩」の混成軍三千余騎がこれに対した。延慶本『平家物語』は「惣《すべ》テ平家ニ志アル者」と表現している。「鎌倉党一人モ漏らさざりケリ」とあるように、景親率いる鎌倉党の武士団が中心となっており、基本的には相模国の国衙軍制によって動員された軍勢ではなかった。

これについて、平氏政権下で平家家人大庭景親が三浦氏の持っていた国衙軍の指揮権を奪っていて、そうした三浦と大庭との対立もこの挙兵の下地になっているという見解もある（野口実『鎌倉の豪族 I』かまくら春秋社、一九八三年）が、そもそも三浦氏が相模国の軍事警察権を持っていたと見るのには疑問がある。のちに三浦義村が「祖父義明天治以来相模国の雑事に相交じわるにより、同御時、検断の事同じく沙汰を致すべきの旨、義澄これを承りおわんぬ」（『吾妻鏡』承元三年十二月十五日条）と述べているとおり、三浦氏が相模国の検断権（軍事警察権）を持つのは頼朝の時代に義澄が検断権を与えられたからであり、それ以前から有していた「三浦介」の権能は多様な国衙の雑事（裁判や軍事・警察を除くさまざまな実務）に関するものに限定されると考えるべきである。

小山氏の下野守護職が曩祖《のうそ》下野少掾《しょうじょう》豊沢が有した下野国押領使《おうりょうし》に由来し、代々検断を奉行してきたと述べられているように、国衙の軍事警察権はこうした押領使や追捕使《ついぶし》・検非違所が握っていた。相模国については、「相模国の脚力上洛す。申して云く、かの国の住人権大夫為季と押領使景平と、今月十日のころ合戦す。為季すでに景平の首を斬りおわると云々。ここにより景平の一族数千の軍兵を発し、さらに為季を攻むと云々」（『水左記』承暦三年八月三十日条）という記事があるから、相模国押領使の地位と国衙の検断権は「景」あるいは「平」の字を持つ武士、おそらく鎌倉権五郎景正子孫の鎌倉流か、中村宗平・土肥実平等の中村流のどちらかに伝えられていたと考えられよう。宗平・実平の父常宗（恒宗）はいくつかの中世系図（中条家本「平氏諸流系図」、延慶本『平家物語』附載「坂東平氏系図」ほか）においても「押領使」の称が用いられているから、押領使として相模国衙軍の指揮に関する権能を有していたのは中村氏である可能性が高い。

三浦一族のなかでも、旧国衙があった平塚に近い相模国中央部を本拠地としていた岡崎義実・佐那田義忠父子は、頼朝から特に頼りにされ、石橋山合戦に加わった。石橋山での先陣を勤めたのが義忠で、その討ち死は顕彰された。頼朝はその遺児を特別に待遇し、義

図７　『源平合戦図屛風』（「畠山・三浦合戦図」，兵庫県立歴史博物館所蔵）

忠のために証菩提寺（横浜市栄区）を建立して仏事を行った。その死は幕府草創の神話として語られ、追善仏事は北条氏に引き継がれた（田辺旬「鎌倉幕府の死者顕彰」『歴史評論』七一四、二〇〇九年）。

義澄率いる三浦一族の主力軍は大雨による河川の増水のために石橋山合戦に間に合わず、頼朝の敗北を知って引き返す途中で由比ヶ浜で平家方についた武蔵の武士団と合戦になった。三浦に戻ってから、武蔵の国衙軍数千騎が押し寄せるとの情報に接し、先祖の代から世に知られている城で討ち死したいという七十九歳の老家長三浦義明の言葉に従って、衣笠城に籠もって大軍を迎えた（衣笠合戦）。力尽き、矢も尽きた三浦一族は義明の命で頼朝を訪ねるべく、海上に脱した。『吾妻鏡』の記事は、義明の死を頼朝に対する忠義の物語として顕彰し、幕府の「草創神話」の一つにしようとした頼朝の意を反映して、最期をドラマチックに語るが、哀れな最期を記す延慶本『平家物語』の方が信憑性が高そうである（年齢も『吾妻鏡』は義明を八十九歳とするが、兄弟や子息の年齢を勘案すると、七十九歳の方が整合的である）。

内乱の推移と三浦一族

平家は後白河院の行動に目を光らせていた。法皇が延暦寺の支配領域に足を踏み入れることになる日吉社御幸には決して同意しなかったほどである。義仲軍が都に迫ったとき、平家は後白河院と安徳天皇をそれぞれの御所で守ることは困難であるとして、異例ながら鴨川の東にある後白河院の御所に安徳天皇を移した。ほっとしたのも束の間、その明け方には後白河院が姿を消した。前夜平宗盛から法皇と天皇を連れて西海に赴くという所存を聞かされた後白河院は、東山伝いに山道を通って比叡山へと逃れてしまったのである。平家は肝心なところで掌中の玉を失った。平家は安徳天皇とその母建礼門院を擁して都落ちするが、摂政藤原基通や清盛の弟平頼盛らは途中で都へと引き返してしまった。

後白河院は直ちに都に戻り、入京した義仲と行家に平家追討を命じる。後白河院を擁することなしに、都落ちしたことで、平家は官軍から追討の対象へと転落してしまった。ここで初めて謀反人頼朝と平家の立場が逆転するのである。八月には安徳天皇の弟が後鳥羽天皇として、剣璽《けんじ》（神器）を持たないまま、後白河院の詔《みことのり》によって皇位に即くという異例の形式で践祚した。しかし、都落ちした平家は西海に大きな勢力を持っており、義仲の滅亡や一の谷合戦の敗戦後も、一時は都を窺うほどの力を保っていた。

戦乱が長引いた理由には、飢饉による兵粮米問題もあったが、平家が安徳天皇と剣璽を擁していたために本格的な追討が図れなかったということもある。貴族たちにとっては剣璽の無事な帰還こそが最重要問題であり、先帝安徳はもちろん、都落ちに従った平時忠（同じ桓武平氏でも清盛とは異なる実務官僚の家系）や国母建春門院は敵ではなく、宗盛ら謀反人平家との交渉の窓口と捉えていた。そのため、貴族たちの間には剣璽の無事帰還が水泡に帰しかねない追討には反対する意見も根強かった。頼朝は、直接京都で後白河院や貴族たちと接触して不評を買って哀れな末路をたどった義仲とは異なり、京都の政治勢力とは一定の距離を置き、京都には代官として弟範頼・義経、貴族たちと太いパイプを持つ中原親能《ちかよし》らを遣わし、情報戦略とでも呼ぶべき手法で、貴族たちの歓心を買い、その株を上

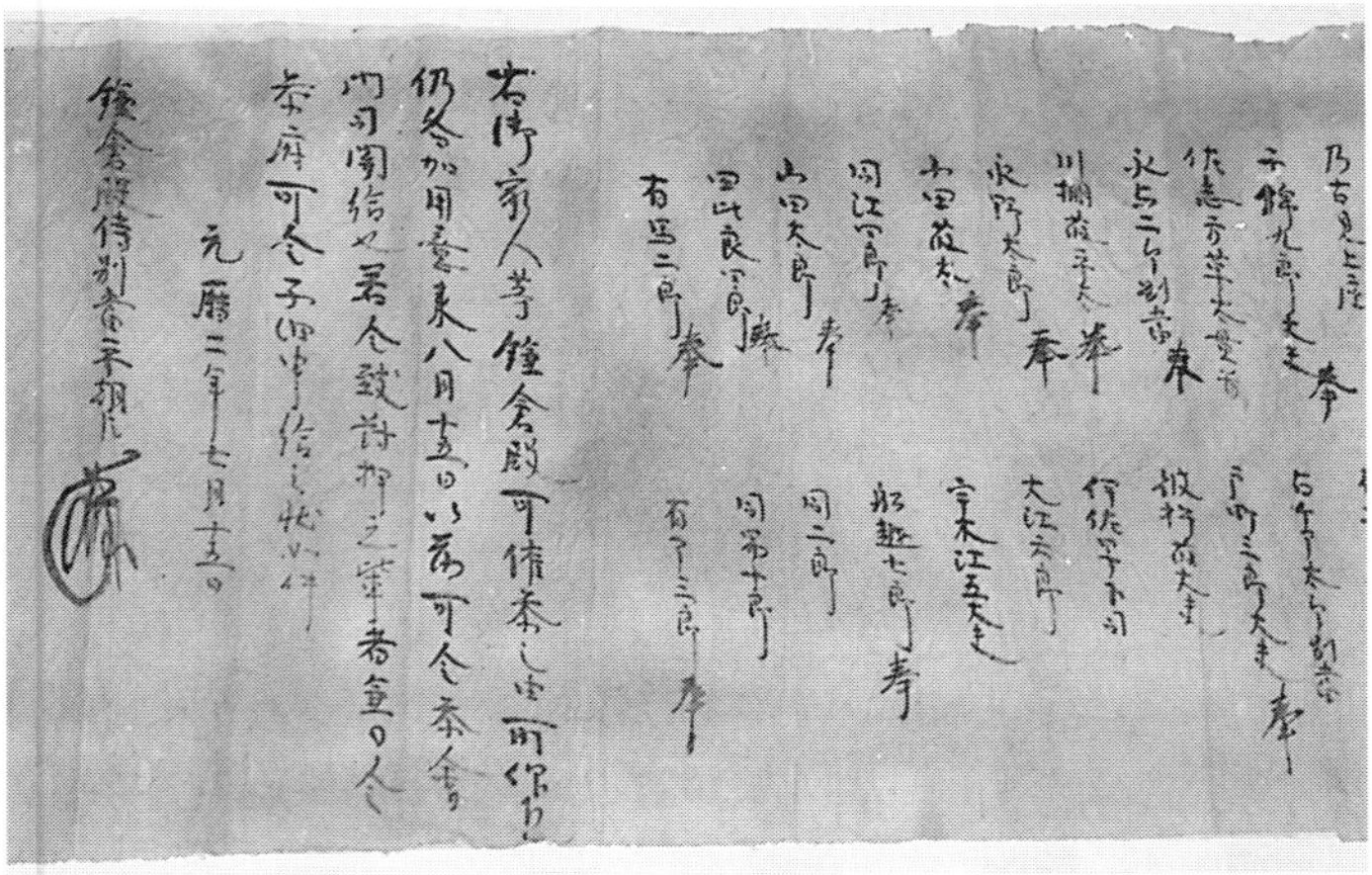

図８　「鎌倉殿侍別当下文写」（『佐々木文書』，個人蔵，鹿児島県歴史資料センター黎明館保管，横須賀市提供）

げていった。

この内乱において三浦義澄・義村は源範頼に従って下向し、範頼が九州に渡った後も義澄は周防《すおう》国に留まった。義経の命で壇ノ浦への先頭を勤めた話が『吾妻鏡』に載っている。佐原義連が義経軍に従い、一の谷合戦で活躍したことも「鵯越《ひよどりご》えの逆落とし」の逸話によって知られるところである（『吾妻鏡』『平家物語』）。このほか葦名・大多和・多々良・長井・津久井等の三浦一族が従ったことや、源義仲を討ち取ったのが葦名系の石田為久であったことも『吾妻鏡』や『平家物語』に見える。

三浦一族の中で、最も重要な役割を担

ったのは和田義盛だろう。ホームシックになり密かに鎌倉に帰参しようとした話も『吾妻鏡』には見えるが、「軍士等の事」を奉行する範頼軍の侍大将として大小事の相談を受け、鎌倉からも西国御家人の交名《きょうみょう》注進という重要な役目を委ねられていた（文治元年四月二十一日・五月八日条）。九州において範頼はほとんど文書を発給しておらず、九州の統治は義盛や千葉常胤《つねたね》に委ねられていたようである。そのなかで義盛は、頼朝の侍別当として、肥前国の御家人に門司関への参会を命じる「鎌倉殿侍別当下文」を発給した（『佐々木文書』）。

鎌倉幕府の成立過程

内乱後の朝廷政治

治承三年（一一七九）十一月の平清盛によるクーデターで停止されていた後白河院政は、養和元年（一一八一）正月の高倉上皇の死によって復活し、かつて「和漢の間に比類少なき暗主なり」（『玉葉』寿永三年三月十六日条所引の信西の言説）と評された後白河法皇とその同性愛的な寵愛を受ける摂政藤原基通を、源資賢・高階泰経らの院の近臣と左大臣藤原経宗らの賢臣が支え、安徳天皇の外戚平宗盛らと適度な緊張感を持って政務が進められた。

寿永二年（一一八三）七月に安徳天皇と平家が都落ちし、後白河院政のもとで、義仲と連携した藤原基房が子息師家を摂政に立てて実権を握ったが、内乱期においては、内裏の陣座《じんのざ》に左大臣以下参議以上の公卿が会して天皇からの諮問に答える陣定《じんのさだめ》はほとんど行われず、院が数人の公卿に懸案事項を諮問し、それを受けて院が決する形をとっていた。

平家滅亡後の文治元年（一一八五）十二月、頼朝が朝廷改革を申し入れ、基通に代わって藤原兼実が内覧、続いて摂政に就任した。建久三年（一一九二）の後白河法皇の死去後の朝廷は後鳥羽天皇親政の形をとるが、そのころに兼実が摂政・関白として動かした政治を、弟慈円《じえん》は「善政トヲボシキ事、禁中ノ公事ナドヲコシツツ、摂籙《せつろく》ノハジメヨリ、諸卿ニ意見メシナドシテ、記録所殊ニトリヲコナイテアリケリ。……世ノ事ミナ主上ニ申ヲカレテケレバ、太上天皇モヲハシマサデ、……殿下・カマ倉ノ将軍仰セ合せツツ、世ノ御政ハアリケリ」（『愚管抄』）と、朝廷の公事や記録所が再興され、公卿の意見を広く聞いた上で、兼実・頼朝が相談して行った善政と評価している。

この間、朝廷では後鳥羽天皇の乳母藤原範子を妻とする源通親が、後白河法皇の寵妃丹後局（高階栄子《たかしなのえいし》）と結んで力を持ってきた。彼は土御門《つちみかど》天皇の外祖父でもあった。娘大姫の入内をもくろむ頼朝も通親に接近したが、大姫の死で入内は実現しなかった。建久七年の政変で兼実は失脚し、建仁二年（一二〇二）の通親死後は、後鳥羽上皇自身が政務を主導し、上皇の背後には「京ニハ卿二位ヒシト世ヲ取タリ」（『愚管抄』）と言われるような側近女房卿二位（藤原兼子《けんし》）の絶大な政治的影響力があった。

通用しなくなった鎌倉幕府成立時期の旧説

「一一九二年　源頼朝、鎌倉幕府を開く」。かつての教科書にはこのように記されていた。しかし、現在発行されている中学校歴史教科書・高校日本史教科書にこう書かれているものはほとんどない。源実朝死後の七年間を始め、「将軍」がいない時期にも幕府は存在したわけであるから、征夷大将軍は幕府成立にとって不可欠のものではない。近年、新出史料から頼朝が朝廷に要求したのは「大将軍」の称で、朝廷は義仲に「征東大将軍」を与えた例などを勘案して「征夷大将軍」の名称を選んだという経緯が明らかになった（『三槐荒涼抜書要』）。この「大将軍」の地位の付与に幕府の成立を見出すのであれば、木曾義仲のもとにも幕府の成立を見なくてはならない。したがって頼朝の征夷大将軍就任に鎌倉幕府の端緒を求めることはできないだろう。

鎌倉幕府の成立に関する現在の学界の通説は、段階的に成立したので、いくつかの画期はあるものの、はっきりとした成立時期は示せないという説だろう。そもそも中世において「鎌倉幕府」なる呼称は存在していなかった。「鎌倉幕府」という学術用語が登場するのは明治時代で、武家の政権体を「幕府」と呼ぶのは、江戸時代後期の水戸学に始まるらしい（渡辺浩『東アジアの王権と思想』東京大学出版会、一九九七年）。われわれが今日「鎌倉幕府」と呼んでいる鎌倉所在の組織（権力体）は、鎌倉時代においては「関東」と呼ばれていた。

江戸時代前期の新井白石《あらいはくせき》は『読史余論《とくしよろん》』のなかで「鎌倉殿天下の権を分掌するの事」という章を立て、文治元年の守護・地頭の設置を権力分掌の画期と見なし、明治時代に編纂が始まった『大日本史料』も守護・地頭の設置で第三編と第四編を区切っている。これらは守護・地頭の設置が室町時代の幕府と守護大名による統治（守護領国制）、さらに江戸時代の幕府と藩による統治（幕藩体制）につながる封建的な権力分掌のきっかけになったと見なしたからである。戦後も、学界においては守護・地頭の設置を鎌倉幕府成立の画期と見なす説がずっと有力であった。一部の右派言論人やその影響を受けた政治家が、一一八五年鎌倉幕府成立説をマルクス主義歴史観に基づくものとして批判するのは、著しい誤解と言わなくてはならない。

しかし、このときに設置された守護や地頭の実態が少しずつ明らかにされ、中世国家における鎌倉幕府の位置づけそのものが変わっている今日の研究状況の中では、守護・地頭の設置をもって幕府成立の画期とする説はもはや通用しないだろう。

頼朝の権力掌握過程と三浦義澄

治承四年八月、石橋山で敗れた源頼朝は安房に逃れ、衣笠合戦で敗れて同じく安房に落ちた三浦一族と合流し、房総の武士たちの助力を得て体制を立て直して、各国衙を押さえ、武蔵国の有力武士も麾下《きか》に加えて、十月には武蔵、そして相模国鎌倉へと入った。富士川で平家の追討軍を破った後、頼朝は同月二十三日には相模国衙に戻って、御家人に対する勲功賞を行った。三浦義澄は相模国衙を掌握した頼朝から亡父義明の後の三浦介に就くことを認められている。この時点を「鎌倉政権」＝「鎌倉幕府」成立の画期とする説がある。東国という地方に、一つの新しい軍事政権が成立したことは確かだろう。当時の貴族も、このころから意志を持ったひとつの権力体として「関東」の語を用いるようになっている。しかし、その存在は朝廷から見るとあくまで謀反人であり、平家が都落ちするまで、その立場は変わらなかった。いわば「反政府軍事組織」が一地方を掌握したということであって、これを国制史上の画期と位置づけていいかと言えば否であろう。

寿永二年十月、ようやく謀反人のレッテルが剝がされて、頼朝は配流以前の本位に復し、東国（東海道・東山道諸国）の実質的支配権を認められた。これをもって鎌倉幕府の成立と見なす説も根強い。『百錬抄』十月十四日条に「東海・東山諸国の年貢、神社・仏寺ならびに王臣家領の庄園、元の如く領家に随うべきの由宣旨を下さる。頼朝申し行うによるなり」とある「宣旨」（天皇の命令）が出されたことによるものであり、『玉葉』閏十月二十二日条によれば、この宣旨には「東海・東山道の庄公、不服の輩有らば、頼朝に触れて沙汰を致すべし」という内容も含まれていて、この地域における王臣勢家・寺社や国衙による荘園公領支配の実現を保障するのが頼朝とその軍事力であり、それがこのときに朝廷から頼朝に与えられた任務と権限でもあった。翌元暦元年（一一八四）正月、京都を制圧していた源義仲が頼朝の弟範頼・義経の軍勢に追われて敗死すると、頼朝は平家追討の宣旨を受け、西国における軍事活動も正当化された。三月には朝廷から平家没官領《もつかんりよう》の一部を賜り、これが幕府の経済的基盤の一つとなる。この過程で、「反政府軍事組織」から中央政府公認の地方軍事政権に転換したことになる。

文治元年三月に平家を滅ぼすと、翌月頼朝はその賞によって従二位に叙され、公卿に列した。対立した義経の望みで頼朝追討宣旨を出した朝廷の責任を問いつつ折衝した頼朝の代官北条時政は、いわゆる「守護・地頭の設置」を奏請して、これを認められた。その奏請は、頼朝の郎従が五畿・山陰・山陽・南海・西海道諸国を賜って、国内の荘園公領に段別五升の兵粮米を賦課するのみならず、田地の知行権をも望む内容のものであった（『玉

図9　伝三浦義澄墓（薬王院跡，真鍋淳哉氏撮影）

葉』寿永二年閏十月二十二日条）。謀反人跡に地頭が置かれ、課役の賦課が行われたことも他の史料から知られるが、実現された内容がどの程度のものであったかは定説がない。文治二年十一月には義経・行家跡を除く謀反人跡への賦課は停止されたというし（『吾妻鏡』）、東国では御家人の土地支配権が地頭職という形で安堵されることも多かったが、全国的には地頭が置かれない本所一円地の方が圧倒的に多かった。また、国ごとに置かれた守護の権限も、国内の御家人に対する大番催促と謀反人・殺害人など重罪犯に対する警察権の行使のみであり、この文治元年の守護・地頭の設置を過大評価することはできない。

三浦義澄は、のちに相模守護と称される地位に就いた。相模国内の百姓に米を与えた事例（『吾妻鏡』文治二年六月一日条）や相模川に浮き橋を設けた事例（同四年正月二十日条）、奥州藤原氏から朝廷への貢進物を大磯駅（相模国衙の所在地）で抑留すべきかを頼朝に尋ねた事例（同四年六月十一日条）などがその徴証であると言われることもあるが、これらは守護の権能ではなく、国衙の実質的支配権に基づくものである。義澄が頼朝から検断権（軍事警察権）を与えられたことが相模守護の根拠であると子息義村は述べているが、年次までは明確に示していない（『吾妻鏡』承元三年十二月十五日条）。

文治五年、頼朝は、謀反人である源義経をかくまった嫌疑をかけて奥州藤原氏を倒した。藤原秀衡《ひでひら》亡き後、義経は藤原泰衡によって討たれていたが、頼朝は全国に動員をかけて、自ら二十八万騎余りの大軍を率いて進軍した。この奥州合戦は、頼朝の先祖源頼義の前九年合戦の再現を意図したもので、日付までそれに準じて進められた。内乱終結を記念する、ある趣のパレード、あるいはデモンストレーションで、勢力を誇示する政治目的が色濃いものであった（川合康『鎌倉幕府成立史の研究』校倉書房、二〇〇四年）。奥州合戦への進発に際して、和田義盛は侍所別当として侍所司の梶原景時とともに千人にも及ぶ軍士の交名《きょうみょう》を作成し、軍勢には三浦一族から三浦義澄・同義村・佐原義連・和田義盛・同宗実・岡崎義実・土屋義清が加わった。『吾妻鏡』は、阿津賀志山合戦で義澄・義盛・義連が奮戦し、義盛が秀衡の子国衡を討ち取ったこと、平泉に入る先陣の七人のうちに義連・義盛・宗実の三人がいたことなどを記している。

幕府成立の重大な画期

内乱を終結させた頼朝は、建久元年に上洛を果たした。義仲が滅亡した元暦元年以来、再三の上洛要請を拒み続けてきた頼朝がようやく重い腰を持ち上げたのである。そこには期するものがあったに違いない。在京中には権大納言・右近衛大将に任じられて、廟堂に議政官として参画する資格を得た。

軍事指揮権の実態を重視する鎌倉幕府研究者からすると、この右近衛大将就任は名目的なものに見えるらしい。もともと「幕府」の語が出征中の将軍の陣営や近衛大将の居所を指したから、この語義にとらわれているかのように見られがちである。しかし、さきに平重盛・宗盛が近衛大将の官職を得たことが平家の家格にとって重要な意義があったことを述べたが、やはり諸大夫層に属していた鎌倉殿（頼朝）の「家」にとっても家格の壁を打ち破る大きな意味があった。のちに室町将軍家が近衛大将の官職を自家の昇進コースに取り入れたことを考えても、当時の家格社会のなかで、近衛大将就任は大きな意味を持っていたのである。武士もこの家格社会に属していた以上、その意義を無視することはできない。

それにまして、後白河法皇や兼実との直接会談が行われ、平時における頼朝の役割が定められたことが重要である。兼実との会談の中では、後白河院が生きている間は後白河院が天下の政を執り、院の没後は後鳥羽親政の形をとって、兼実と頼朝がそれを支えていくことが確認された。頼朝は自身を「頼朝すでに朝の大将軍なり」と言っている（『玉葉』同年十一月九日条）。寿永二年や文治元年に頼朝が得た権限は地域的にも限定され、また内乱状況下での時限的なものであったが、この上洛によって頼朝は、内乱終結後の平時においても朝廷政治の一翼を担い、朝廷の警固を担う存在として位置づけられたと言える（貴族たちは、文治年間には「関東」を治安維持と財政援助の機能を持つ組織体と認識するようになっていた）。二年後、頼朝はこの「朝の大将軍」の地位の明示を求めることになる。承久の乱後に朝廷と幕府の実態的な力関係は変化するが、この枠組みそのものは、その後も鎌倉時代の朝廷と幕府の関係を原則的に規定するものになっている。

筆者はこの建久元年の頼朝上洛が鎌倉幕府成立過程の中で、国制史上、最も重要な画期であると考えている。「一一九〇年説」ではあるが、従来のような近衛大将就任を第一に重視するのではなく、後白河院・藤原兼実との会談で、頼朝とそのもとにある権力体の平時における役割が定められたことを最も重視している点で、その内実は異なっている。

建久三年三月に後白河院が亡くなると、頼朝は「大将軍」の地位の明確化、すなわち正式な官職への補任という形を望み、七月に征夷大将軍に任じられた。鎌倉に派遣された勅使から除書《じしょ》を受け取る儀式は鶴岡八幡宮で行われ、頼朝の命で三浦義澄が除書を受け取った。この栄誉は頼朝に命を捧げた亡父義明の功績に酬いるためだったという。

頼朝の家政機関としての出発

鎌倉幕府の組織としては、政所・侍所・問注所などの機関が設置されたことが教科書にも記されている。

元暦元年八月に頼朝の家政機関である公文所の建物が新造されたことが『吾妻鏡』に記されており（公文所そのものは本位に復した寿永二年から存在していたと考えられる）、頼朝が公卿となった後、文治元年九月までには政所に改称されていた。そこでは大江広元以下京下りの実務官人が職員となってその実務を担っていた。建久元年に上洛した頼朝が右近衛大将に任じられて鎌倉に戻ると、翌年正月には身分変動に伴う政所吉書始の儀が行われ、それまで頼朝の袖判下文《くだしぶみ》が用いられてきた安堵関係文書が、頼朝の署判がなく、別当以下が署判を加える「前右大将家政所下文」の形式に変更された。「侍所」と称される建物は治承四年には頼朝亭に存在していた。頼朝も出御し、御家人たちと主従関係を確認する椀飯《おうばん》儀礼も行われている（『吾妻鏡』建久二年十二月一日条）。

『吾妻鏡』は治承四年十一月十七日に和田義盛が「侍所別当」に任じられたという記事を載せる。安房国に向かう海上で会した義盛がこの地位を望んだ話は、延慶本『平家物語』にも記述されているが、その地位は「侍ノ別当」と表現されている。「佐々木文書」の元暦二年七月十五日付け鎌倉殿侍別当下文写によれば、和田義盛は「鎌倉殿侍別当」であり、「侍所別当」ではない（七六頁、図8参照）。『吾妻鏡』の文治元年四月二十一日条などでも「侍別当」と記しているから、治承四年の『吾妻鏡』の記事はのちの「侍所別当」という表現を先取りしたもので、家政機関としての侍所設置以前、頼朝の御家人を統括する役職は「侍別当」と称されていたのであろう。延慶本『平家物語』で、義盛が「上総守忠清ガ平家ヨリ八ケ国ノ侍ノ別当ヲ給テ、モテナサレシガ、浦山敷《うらやましく》候《そうらい》シニ」と述べていることを考えると、平家の時代には国ごと、あるいは複数の国（坂東八ヵ国）を単位として侍を統括する役割が「侍別当」だったようである（機能的には守護の淵源の一つになるのかもしれない）。それに対して、家人の範囲が坂東八ヵ国にほぼとどまっていた初期の頼朝のもとでは、家人全体を統括する役職として「鎌倉殿侍別当」が置かれたのではなかろうか。また、貴族社会で、政所と侍所が並び立ち、補完的であることを考えると、家政機関としての侍所は、政所と同時に設けられた可能性がある。

初期の段階において、家政機関としてどのような組織・機能を有していたのかは不明であるが、頼朝が公卿に列したことで、文治元年にはその家政機関が政所や侍所として拡充されたことは間違いない。ただし、政所や侍所は貴族の家政機関として一般的なものであり、規模に大小の差はあっても、その設置に大きな意義を見出すことはできないから、政所・侍所の成立という内部組織の点から鎌倉幕府の成立を論じるのは難しいだろう。

ただし、頼朝の家政機関の中にあって、原告・被告の陳述を書き留めるなどの訴訟実務を取り扱う問注所が独立している点は、貴族の家政機関には見られない独自のものだった。摂関家でも家領荘園にかかわる裁判を行ったが、訴訟の実務は政所が行っており、問注は政所の機能であった（『勘仲記』ほか）。頼朝の問注所は元暦元年十月に頼朝亭東面の廂《ひさし》二間《けん》分をそれに充てるという形で設置され、一時は三善康信亭内に移されていたが、頼朝没後の正治元年四月には将軍御所の別郭に独立した建物が建てられ、機能も次第に拡大されていった。

その後、鎌倉幕府の法廷に、御家人間の争いに留まらない訴訟が持ち込まれ、幕府の裁判機能が期待されるようになることを考えても、貴族の家政機関にはない、頼朝独自の訴訟関係機関の設置の意義は大きい。あえて内部組織を重視するということになれば、この侍所の設置こそが評価されるべきであろう。その点では、問注所が設置された元暦元年がひとつの画期ということになる。

東大寺再建事業のシンボリズム

朝廷の役割

文治元年（一一八五）三月、壇ノ浦で安徳天皇とともに平家一門が滅び、同五年には陸奥国に一大勢力を築いていた奥州藤原氏が倒されて、十年に及んだ内乱が終結した。翌建久元年（一一九〇）十月、源頼朝は鎌倉を発ち京都に向かった。永暦元年（一一六〇）に伊豆に配流されてから、三十年ぶりの入京であった。五年後、頼朝は再び上洛した。その目的は、内乱のなか平家によって焼かれた東大寺の再建供養に参列するためである。

建久六年三月十二日の供養の様子は、『東大寺造立供養記』（群書類従所収。以下、『供養記』と略す）や『吾妻鏡』に詳しい。供養当日は、後鳥羽天皇が行幸し、関白藤原兼実以下、頼朝を含む公卿らが列席し、仁和寺御室《おむろ》の守覚法親王以下一千人の諸寺の僧侶が参列するという盛大なものであった。『吾妻鏡』が「朝家武門の大営、見仏聞法の繁昌」と記しているとおり、東大寺の再建は朝廷と幕府の共同事業であり、それに寺社勢力の力を合わせた形で、具現化・象徴化された儀式がこの供養法会であった。

この東大寺再建事業は、焼失から半年後の養和元年（一一八一）六月、「それ天下の富有るは朕なり。天下の勢有るは朕なり。この富勢をもってまさに禅念を助け、また本願《ほんがん》に答えんとす」と高らかに宣言する後白河院の発願《ほつがん》によって始められた。朝廷内には造東大寺《ぞうとうだいじ》司《し》・造仏司が設けられ、太政官の弁官や史《し》などの実務官人が造寺長官・修理《しゆり》大仏長官以下の行事官に任命されて実務を取り仕切った（『吉記』養和元年六月二十六日条ほか）。国の支配権と収益権を院宮・寺社・貴族等に与える知行国制に基づき、文治二年には周防国が造営料国として東大寺に寄せられた（『供養記』）。同時に焼失した興福寺は、各建造物の造営を国司に割り当てる国宛方式による費用調達がはかられていた（『吉記』養和元年六月十五日条）。文治元年には法皇自ら筆を執って大仏の開眼《かいげん》を行い、後白河院の死後は新しい「治天の君」後鳥羽天皇へとその遺志が引き継がれた。

幕府の役割と三浦一族

東大寺造営事業の中で、まず源頼朝に期待されたのは経済的負担であった。『吾妻鏡』は頼朝の立場を「大檀越《だんおつ》」と表現して、造営のはじめからの活動を「微功を励まし合力《ごうりき》を成す」と評し、『供養記』は米一万石・馬七百十三疋・黄金一千両・美絹一千疋を頼朝が助成したと記している。御家人たちも造営の勧進《かんじん》に応えた。建久八年に造立された観音像は宇都宮朝綱、虚空蔵菩薩は中原親能、多聞天は小笠原長清、増長天は畠山重忠、持国天は武田信義、広目天は梶原景時がそれぞれ承ったものだった（『供養記』、『武家年代記』建久六年条裏書）。

期待されたもう一つの役割は、法会《ほうえ》の場の警固である。侍所司和田義盛・梶原景時の下知で

図10 『東大寺大仏縁起』（東大寺所蔵）

御家人たちは前もって奈良の辻々、東大寺の寺内や門外を警固し、弓箭《きゅうせん》の名手たちが惣門の脇に控えた（『吾妻鏡』）。『供養記』はこれを「供養の日、武士に命じ、もって四方を守護し、威勢を奮い、もって障碍《しょうがい》無からしむるなり。廻廊の外の四面に陣を張ること、あたかも守護の善神の如し」と述べている。

この造営事業と供養法会で、頼朝と麾下の武士らがつくる組織体（いわゆる鎌倉幕府）に期待されたのは、「警固」という守りを中心とした軍事的機能と、経済的な「合力」だったと言えるだろう。これはまさに朝廷が権門としての鎌倉幕府に期待していた役割に他ならない。

入京の行列では、頼朝の直後に水干《すいかん》を着して野箭を負った御家人十一騎が随った。パレードの中でこの十一人が特別な立場であることは誰の目にも明瞭だった。そのなかに佐原義連と三浦義澄が含まれている。義連は三騎並んでの行列だったが、義澄は単騎での行列であり、その存在感を示すものとなっていた。東大寺に向かう頼朝の行列の最前は和田義盛が勤め、先陣十五人のうちには岡崎実忠・土屋義清、後陣十五人のうちには佐原義連・三浦義澄の三浦一族関係者が加わっていた。『吾妻鏡』所載の交名は、官職を有している場合は「和田左衛門尉義盛」、無官の場合は「畠山次郎重忠」のような形式で人名を記しており、実忠に対する「岡崎与一太郎」という実名を伴わない表記は有力御家人が居並ぶ中で異質である。実忠は頼朝在京時の参内《さんだい》や天王寺参詣の随兵には見えておらず、彼が特別の配慮でこの東大寺供養の先陣を勤めたことが窺われる。実忠は、頼朝にとって内乱の端緒である石橋山合戦で命を落とした佐那田与一義忠の遺児であった。頼朝は石橋山での敗戦の記憶を佐那田与一と三浦義明の忠義に置き換え、これを顕彰することで幕府の「創造神話」としていたから、岡崎実忠の参列も与一顕彰の一環であったのだろう。忘れ形見の実忠が一人前の御家人となり、ハレの場を飾ることは内乱の終結を印象づけるものともなったに違いない。朝廷にとっても、幕府にとっても、東大寺再建は内乱終結の記念碑としての意義を有していたのである。

供養法会は、南都興福寺権別当の覚憲が導師、真言寺院である醍醐寺出身の東大寺別当勝賢が呪願を勤める形で執行された。二人は兄弟で、その父は後白河天皇の親政を支え、平治の乱で討たれた信西入道（藤原通憲《みちのり》）であった。信西亡き後、表舞台に登場した平家が去り、信西の遺児や源義朝の遺児頼朝が一堂に会して行われた法会が、参列者に何らかの感慨をもたらしたことは想像に難くない。また、南都の僧侶のみならず、後白河院の皇子である仁和寺御室守覚法親王以下の諸寺の僧侶が列席したことは先に述べたとおりである。この後、仏像や堂宇が元通りに復した東大寺では、永く「顕密二宗之法」を並べ、はるかに「慈尊三会《さんえ》之暁」を期することを掲げ、具体的には大仏殿内において、真言僧十二人が日々両部（金剛界と胎蔵界）の法を勤行し、天台僧三十人が最勝王経を講じて、「聖朝安穏、宝祚長遠、武家泰平、関東繁昌、四海安寧、万民快楽《けらく》」を祈った（『供養記』）。東大寺も、まぎれなく顕密体制（天台・真言および南都諸宗の顕密主義を基調とする諸宗が国家権力と癒着した形で宗教のあり方を固めた体制）をとる中世仏教の中にあったことが明らかであろう。

顕密仏教と西行

この顕密体制の外には、僧位や僧官を持たない遁世僧《とんせいそう》（聖・上人《しょうにん》と呼ばれる念仏僧たち）がおり、貴賤の信仰を集めていた。奈良時代の行基《ぎょうき》の例を踏まえ、こうした遁世僧を勧進聖として採用し、そのネットワークを利用して貴賤から東大寺再建のための喜捨が集められた。大勧進に抜擢されたのは、醍醐寺で出家後、各地を廻って修行・念仏の日々を送り、また入宋経験もあるとされる重源《ちようげん》であった。

文治二年八月、源頼朝が鶴岡八幡宮の放生会《ほうじようえ》に赴くと、一人の老僧が鳥居の辺りを徘徊していた。これを怪しみ、その名を問うと、老僧は佐藤兵衛尉憲清、今は西行と号すると名乗った。彼こそ、中世歌壇のエポックとなった勅撰集『新古今和歌集』に最も多くの歌が採用されることとなる当代一の歌人、西行法師《さいぎようほうし》その人であった。頼朝は西行を自邸に招き、一晩中和歌や弓馬のことを尋ねた。西行は重源の要請を受けて東大寺造営の砂金を勧進するために奥州に赴く途次であったという（『吾妻鏡』）。歌人西行も重源の意を受けて全国を回った勧進聖の一人だったのである。

大勧進となった重源は造寺祈願のために伊勢神宮に参詣し、大般若経二部を書写して内宮・外宮に納め、六十口《く》の僧侶を率いて読経《どきよう》を行った（『供養記』）。また、重源は伊勢で二粒の宝珠を得、東大寺の重宝として勅封の蔵に収めたという。中世において、神と仏は本地《ほんち》垂迹《すいじやく》の関係にあると考えられており、僧侶の社参や社頭での読経は広く行われていた。

中世における政治と宗教との関係は、「王法仏法相双《あいなら》ぶこと、たとえば車の二輪、鳥の二翼の如し。もしその一欠くれば、あえてもって飛輪することを得ず。もし仏法無くば何ぞ王法有らんや。もし王法無くばあに仏法有らんや。よって興法のゆえに王法最も盛んなり」（「東大寺文書」天喜元年七月付け美濃国茜部《あかなべ》荘司住人等解）という言葉に示されるような不可分の関係にあり、仏徳を示す宝珠や仏舎利は王権の象徴でもあった。

大仏や諸堂は鋳物師《いもじ》陳和卿《ちんなけい》らの宋の工人と日本の鋳物師・大工らの協力で造立され、堂や門には南都仏師運慶・快慶・定覚《じょうかく》・康慶らが造った仏像が納められた。大仏造営のための銅には、日宋貿易によってもたらされ、国内に流通していた大量の宋銭が集められ、鋳溶かして用いられた。

建久六年の東大寺再建供養は、鎌倉時代前期の政治・経済・宗教・文化・外交の縮図であったと言っても過言ではなかろう。

三浦一族と朝幕関係

義村・泰村の時代

頼朝の死去から一年後、幕府の宿老であった三浦義澄が亡くなる。梶原景時の排斥、比企氏の乱、和田合戦など鎌倉幕府を揺るがす事件が次々と起こり、三浦一族の長老格であった和田義盛とその一族は滅ぶ。その間、三浦義村は常に北条義時と行動をともにする。和田合戦では同族の和田義盛と、承久の乱では弟の胤義と袂を分かってでも、それを貫いた。承久の乱の結果によって、それまでの枠組みを維持しながらも、朝廷と幕府の力関係は変わっていく。さらに、北条義時・政子、大江広元ら幕府の草創世代が亡くなると、幕府は藤原頼経・北条泰時のもとでリニューアルされ、朝廷も藤原道家・公経の主導で生まれ変わる。そのなかで、対朝廷交渉の窓口として奔走し、新しい関係をつくり上げるとともに、朝幕関係の接点として重要な位置を占め続けたのが三浦義村であった。また、佐原系の三浦一族では、義連の子家連・盛連らが紀伊国や和泉国の守護、遠江守などになって活躍する。特に盛連は、北条泰時と離婚した義村の娘（泰時嫡子時氏の母）と結婚し、六波羅探題となった時氏を支え、京都にも名をとどろかせた。この時期は、三浦氏にとっても、朝廷・幕府にとっても第三ステージに当たる。義村の死後、子息の泰村・光村兄弟が幕府や朝幕関係に重きをなしたが、宝治合戦による泰村らの滅亡で第三ステージは幕を閉じる。

北条氏の台頭と承久の乱

頼家・実朝の時代

正治元年（一一九九）正月、頼朝が五十三歳で亡くなると、嫡子の頼家が十八歳でその遺跡を継いだ。二十六日には遺跡継承と御家人たちの「諸国守護」の上に立つ地位（のちには「惣守護職」と称される）を認める趣旨の宣下が与えられ、二月には頼家家の吉書始《きっしょはじめ》の儀が行われた。頼家は従四位上左中将の身分であるから、この吉書始は「政所《まんどころ》」という建物で行われてはいるが、家政機関としての「源頼家家政所」の吉書始ではない。頼家が公卿に列し、家政機関としての「政所」が持てるようになるのは、この年の十月のことである。そのため六月十日付けで家政機関が発給した文書は、「下す」の書き出しで始まっていて、「将軍家政所下す」とはなっていないし、中原（大江）広元以下の事務官僚の署名にも別当・令・案主《あんじゅ》などの肩書きが付されていない。

吉書始から二ヵ月後の四月には訴訟に対して頼家が直に聴断することが停止され、北条時政・義時以下十三人の宿老《しゅくろう》御家人の合議を経た上で、形式的には頼家が判決を下し、「この外の輩左右無《そうな》く訴訟の事を執し申すべからざるの旨」、すなわち十三人以外が訴訟に強引に口出しすることが禁じられた（この時代の古記録の用例に則せば、「執す」は拘《こだわ》りの意で、「執し申す」は取り次ぎの意ではない）。頼家を表に立てつつも、頼朝の後家政子が鎌倉殿の「家」を掌握し、政務は頼家の後見人である外祖父時政と、頼朝に後事を託された景時、頼家の舅比企能員《ひきよしかず》、宿老・実務官人たちが実質的に担う体制がつくられたのである。

正治二年正月の椀飯《おうばん》儀礼で時政が初めて元日分を勤めているのは、頼家の外祖父時政が御家人中第一の地位にあることを示すものであった。間もなく梶原景時が千葉・三浦・小山以下有力御家人の総意のような形で弾劾追討《だんがいついとう》された。これは頼家将軍の許で、外戚時政と養育係景時のどちらの主導権を認めるかという政争であったが、頼家が御家人たちの要請を受け容れたことで北条氏を中心とした政治体制が形成されることになった。同年四月時政が源氏一門や京下りの官人を除く御家人として初めて国守に任じられたのは、将軍の外祖父時政が父系親族の源氏一門と同格の諸大夫層になったことを示している。

『吾妻鏡《あずまかがみ》』が記すところによれば、建仁三年（一二〇三）七月二十日、頼家は俄に病となった。八月二十七日に危篤状態となったために、弟千幡《せんまん》（実朝）と長子一幡《いちまん》への分割譲与が決められると、これを不満とする一幡の外祖父比企能員一族は時政追討の動きを見せた。それを知った時政らは九月二日能員を謀殺し、一幡の館に籠もった一族を攻めた。その後、頼家の病状は回復したものの、政子の計らいで七日に出家し、十日には実朝の将軍擁立が図られた。しかし、右大臣藤原家実の日記『猪隈関白記《いのくまかんぱくき》』によると、九月六日には頼家死去の報が後鳥羽上皇のもとにもたらされ、弟の征夷大将軍任命と叙爵が決められ、彼は後鳥羽上皇によって「実朝」と命名された。二日に頼家の六歳の子息と外祖父能員が実朝によって討たれたという情報も伝わっていた。三十日になって頼家死去が誤報であり、実際には出家であったと訂正されているが、頼家から実朝への交替そのものについては否定されていない。実朝擁立の動き、とりわけ朝廷への働きかけは『吾妻鏡』が記すよりも早く進められていたのだろう。

『吾妻鏡』によると、十月八日、実朝は政子邸から時政邸に移り、実朝は元服した。翌日政所が開設されて、時政は広元とともに家司《けいし》（政所別当）となった。この記事で『吾妻鏡』は時政のことを「執権」と称している。しかし、この時期の実朝の家政機関発給文書は初期の頼家時代同様の形式で、「政所」や「別当」の名称は使われていない。「将軍家政所下す」の形式で「別当」以下が署判をする文書の発給が確認されるのは承元三年（一二〇九）七月二十八日のことで、実朝が公卿に列した三ヵ月後であった。六月十六日の文書はこれまで同様の形式であるから、その間に政所が開設されたのであろう。したがってそれまでの実朝家の家政機関を『吾妻鏡』が言うとおりに「政所」と呼んでいいのか疑問が残る。ただ、実朝を時政と広元以下の実務官僚が支えていたことは間違いない。その後、後妻牧《まき》の方《かた》に踊らされた時政が子息義時と政子によって蟄居《ちっきょ》させられるまでの三年間は、時政と事務官僚の上席である広元によって幕政が運営されることになった。

畠山重忠討伐、ついで牧の方による婿平賀朝雅将軍擁立事件が起き、時政の失脚によって義時への代替わりが行われたが、北条氏と三浦氏との連帯関係に大きな変化はなかった。

和田合戦と実朝暗殺事件

建保元年（一二一三）二月、信濃・越後・上総《かずさ》・下総《しもうさ》など広範囲の御家人ら張本百三十余人、二百人以上が関与する謀反事件が発覚し、二日間で数千人の死傷者を出した鎌倉幕府史上最大の内紛である和田合戦へとつながっていった。

図11 『和田合戦図屏風』（都城市立美術館寄託）

和田義盛とその姻族横山氏、渋谷氏等の有力御家人の蜂起に対し、北条氏側は将軍実朝の存在を前面に出して戦って、三浦義村・胤義兄弟の寝返りを誘い、辛くも勝利した。横山党の合流が一日遅れていることから見ても、義時の油断を見て取った義盛の性急な挙兵だったようである。和田氏側は事前に実朝や政子の身柄を確保して自己の正当性を主張するような行動をとっていない。義盛と実朝との関係は終始良好だったのにもかかわらず、この戦いで義時亭だけでなく、将軍御所も襲っている。義盛に挙兵後のプランがあったかは疑わしいが、義時の排除のみならず、幕府そのものを崩壊させることを意図した挙兵だったと見ることができよう。義盛の子朝夷《あさひな》義秀の政所門破りの武勇は後世に語り継がれた。

義盛は義時よりも十六歳年長である。将軍の叔父に過ぎない立場で権力を握り、挑発的な態度をとる北条義時に対して義盛の不満があったことは確かだろう。『愚管抄』は和田合戦の原因を義時に対する義盛の深い嫉《そね》みに求めているが、義盛の義時に対する私怨だけで和田合戦は説明できまい。謀反事件の主謀者の数ヵ国に及ぶ広がりや、合戦の死傷者名簿に挙げられている相模国の御家人の地縁的な広がり、京都や西国にも事件の動揺が広がっていることを考えると、幕府内に何らかの矛盾が生じていたことを窺わせる。合戦後、亡者の追善仏事が行われたが、数年経っても実朝は義盛らの夢に苦しめられたという。

和田合戦後、義時は将軍家政所の別当に加え、義盛が占めていた侍所別当を兼ねて、その地位を不動のものとした。この合戦で、北条義時と三浦義村の連携が崩れることもなかった。のちに幕府の正月儀礼で非礼な振る舞いを義村に叱責された千葉胤綱が、義村に「三浦の犬は友をくらうなり」と言い捨てた逸話が伝わる（『古今著聞集《ここんちょもんじゅう》』）。幕府の体制や秩序を重んじ、高度な政治判断をもって肉親の情を捨てた義村の政治性が若い胤綱にはわからなかったのだろう。

将軍実朝は、二位の非参議中将から中納言中将に任じられ、大納言になって左大将を兼ね、内大臣、さらに右大臣へと急激に昇進した。鎌倉殿の「家」が摂関家に次ぐ清華《せいが》家の昇進ルートと家格を獲得したと言っていいだろう。しかも、二十七歳で大将に任じられた昇進の速さは清華家以上であった。

その間、政務に意欲を持ち始めた実朝であったが、承久元年（一二一九）正月、鶴岡八幡宮で行われた右大臣拝賀の儀から退出しようとしたところを、頼家の遺児公暁《くぎょう》に殺されてしまった。公暁は三浦義村を頼るが、義村はそれを受け容れず、かえって殺してしまう。この事件をめぐっては、北条義時を黒幕とする説（安田元久『北条義時』吉川弘文館、一九六一年）と、三浦義村を黒幕とする説（永井路子『炎環』光風社、一九六四年。石井進『鎌倉幕府』中央公論社、一九六五年）がある。しかし、出席した拝賀の儀で事件に遭遇してしまった貴族の言説に基づいている『愚管抄《ぐかんしょう》』の記事を見ても、公暁の行動は単独犯である。事件後に公暁が義村をたのんだのも、義村を鎌倉殿の第一の御家人と思ったからだという。そもそも「黒幕」なるものを想定する必要はあるまい。その想定は義時と義村の対立、利害関係を前提としている。しかし、義時と義村は決して対立する存在ではなく、常に政子・義時・義村、そして大江広元の連帯関係でこの時期の幕府政治が運営されていたことを忘れてはならない。

承久の乱と義村・胤義兄弟

実朝暗殺に先立つ建保六年、政子は上洛し、出家の身ながら従三位に叙された。「平政子」の名は、叙位の書類に記入するためにこの時に付けられたものである。政子は実朝に後継者がいない中で、後鳥羽上皇に対して強い影響力を持つ卿二位藤原兼子《けんし》を通じて皇子の東下を要請した。交渉が行き詰まる中で実朝が殺され、再度の要請を後鳥羽上皇が断ったことで、頼朝とも血縁関係を持つ左大臣藤原道家の子三寅《みとら》（後の頼経）が鎌倉殿として下向することになった。『愚管抄』によれば、道家の子から選ぶという提案をしたのは三浦義村だった。

朝廷が求めた幕府像は、東大寺再建供養に見たような、朝廷の警固の役割を担い、経済的にも支援してくれる一権門としての存在だった。しかし、上皇の地頭停廃要求を義時が拒絶したことは、現実の幕府が朝廷の理想とする幕府像よりも強大になったことを強く印象づけた。上皇は義時を廃し、鎌倉殿三寅を親朝廷派の御家人が支える幕府に立て直すことを目指して、承久三年五月義時追討の宣旨《せんじ》を発した。慈光寺本『承久記』によれば、後鳥羽上皇の挙兵時には、順徳・土御門《つちみかど》の二人の上皇と後鳥羽上皇の皇子たち、九条廃帝（明治時代に仲恭天皇の諡号《しごう》を贈られる）、摂政藤原道家が上皇御所に入り、千七百騎の官軍に警固されていた。三寅の父である道家が行動をともにしていることを見ても、後鳥羽上皇のねらいは三寅を廃することになる倒幕ではなく、義時の首のすげ替えだったのだろう。

後鳥羽上皇が義時の後継に期待したのが三浦義村であることは言うまでもない。上皇は京都にいた弟の三浦胤義を通じて義村に働きかけたが、義時と一体だった義村はこれに動じず、胤義の書状を義時亭に持参して無二の忠を誓った。後鳥羽上皇の挙兵が対幕府の戦争であると御家人に喧伝されたことと政子の求心力によって御家人たちは団結し、朝廷（＋鎌倉御家人）対義時であったはずの戦争は、後鳥羽上皇近臣対鎌倉幕府の図式に転換してしまった。義時の子泰時、義時の弟時房、三浦義村・泰村ら総勢十九万の軍勢が京都に向けて進発した。幕府軍が美濃国で官軍を打ち破り、入京したのは追討宣旨発給からちょうどひと月後のことだった。

図12　三浦義村像（近殿神社，真鍋淳哉氏撮影）

胤義は美濃国摩免戸《まめど》で敗れ、近江国勢多《せた》に退き、その後、京都に逃げ帰った。胤義が後鳥羽上皇の御所に参上して敗戦を報告すると、上皇は終戦に向けた処理に取りかかった。一方、兄義村の動向をつかんだ胤義は、「最期の対面をして、思うことを一言言ってやりたい。義村の手にかかって死のう」と、東寺で三浦・佐原の軍勢と戦った。対峙した胤義に対して、義村は「馬鹿者と言い合っても無駄だ」と思い、その場を立ち去ったという。胤義父子は西山の木島で自害し、その首は郎従が太秦《うずまさ》の胤義宅に持ち帰り、義村の手で泰時に届けられた（慈光寺本『承久記』）。

承久の乱後の情勢と朝廷政治

戦後処理における義村の役割

承久の乱は幕府の圧勝で終わり、北条泰時率いる幕府軍が在京しているという厳戒態勢の中で、翌月には後鳥羽上皇の出家と天皇の退位をともなう新しい政治体制が構築されることになった。承久三年（一二二一）七月八日、高倉天皇の皇子守貞親王（後高倉院）が治世し、その子茂仁が後堀河天皇として践祚《せんそ》して、藤原家実が摂政に就任することが決められた。孫王の践祚は光仁天皇以来四百五十年も例がなかったことであるし、皇位に即かない皇親に太上天皇の称号が贈られ、院政がしかれることは未だ先例のないことだった。先例を重視し、その準用や折中的解釈で説明できる範囲内での対応を旨としてきた貴族社会の論理とは違う力が働いた結果だと見ていいだろう。

『百錬抄《ひやくれんしょう》』の同九日条は「持明院入道宮の御子〈御年十歳〉御践祚の事有り。関東これを申し行う」と、幕府の要請で、守貞親王の子が天皇に擁立されたと簡潔に記している。具体的に幕府からどのような働きかけがあったのかはこれまで明らかでなかったが、近年、賀茂社の神官賀茂経久が記した『賀茂旧記』という史料の存在が明らかとなり、その時の状況の一部がわかってきた。「するがの守北白河殿にまいりて、宮せめいだしまいらせて、おがみまいらせて、同九日御くらゐにつかせ給ときこゆ」という記事がそれである。守貞親王室藤原陳子《ちんし》とその子茂仁が住む北白河殿に駿河守三浦義村が赴いて、践祚を要請したというのである。それは義村が宮（茂仁）を「せめいだしまいらせて、おがみまいらせて」行ったものだった。この部分について先行研究は、義村が母藤原陳子の許にあった茂仁親王の「身柄を強引に受け取り、懇請して天皇の位に即かせた」と解釈しているが（杉橋隆夫「承久の兵乱と上賀茂社」『上賀茂のもり・やしろ・まつり』思文閣出版、二〇〇六年）、「せめいだしまいらせて」とは北白河殿から外へ連れ出すことではなかろう。北白河殿内の日常的な居住空間にいた幼い宮を、本来出てくるはずのない邸宅内の接客空間（公卿座や障子上《しょうじのうえ》、あるいは客殿と称される場）まで出座することを強く要請して、そこで直接拝み倒すようにして践祚の了承を取り付けたのだろう。

収公された後鳥羽院領を後高倉院に進上する使者を勤めたのも義村であった。必要がある場合には武家に返していただきたいという特約事項も申し入れて許諾を受けている（『公武年代記』裏書）。また、義村は鎌倉を発つ前から、宮中の警固を特別に命じられていた。彼がこうした重要な役割を担えたのは、承久の乱以前に駿河守という受領（駿河国は関東御分国で、実質的には北条義時が知行国主であったと言っていい。北条時房・泰時が前任、北条重時が後任であることを考えても、北条氏一門の待遇での任官であった）に任じられていて、五位の侍を脱して、下級貴族に相当する諸大夫の身分になっていたこと、貴族たちが重視していた礼を弁えた人物で、十分な政治的判断力を有していたことがあげられよう。

出家した後鳥羽院は、隠岐《おき》国に配流となり、順徳上皇・土御門上皇らも次々と各地に配された。張本とされた院の近臣たちも多くが処刑され、出仕を止められた公卿も少なくなかった。宗教勢力についても、天台座主《ざす》や園城寺長吏《おんじょうじちょうり》の改替が行われている。

新体制擁立に先立つ六月、入京した北条泰時が院の御厩別当《みまやのべっとう》に就任し、そのもとで実務を担う安主《あんじゅ》（案主）には三浦泰村が就いたことが、近年発見された「西園寺家文書」の「御厩司次第」という史料から明らかになった。平忠盛・藤原信頼・平清盛・平重盛・平宗盛・平知盛・源義仲・源義経・源頼朝・藤原光親・藤原能保という顔ぶれを見れば、この御厩別当が河内国会賀《えが》・福地両牧を知行するのみならず、京都における馬の供給を実質的に握る存在であり、そのために京都の治安権・警察権を掌握した者が有する職であったことが窺えよう。承久の乱後京都を軍事的に掌握した泰時がこの職に就くのは当然のことだった。

『吾妻鏡』六月十六日条は北条時房・泰時が六波羅館に移住したことを述べている。これ以降、幕府の代表者二名が六波羅に滞在し、朝廷の要請で京都の警固の役割を勤め、関東申次の貴族を通じて朝廷との折衝にも当たるのが恒例となり、西国御家人の管轄や西国における裁判にも当たった。この職を当時の貴族は「武家」と呼んだ。現在では六波羅探題《ろくはらたんだい》と称されている。『吾妻鏡』が「右京兆（義時）の爪牙耳目の如く、治国の要計を廻らし、武家の安全を求む」と記しているからか、「朝廷の監視」がその機能の一つであったかのように説明されることもあるが、当時の貴族の日記からそのような機能は窺えない。

承久の乱後、これまで守護が置かれていなかった畿内・西国にも守護が置かれた。義村は相模・土佐に加えて、河内・紀伊両国の守護になっている。その後、紀伊は一族の佐原家連に替わっているが、讃岐や淡路の守護になっていたことを示す史料もある（「東大寺大勧進院文書集」)。

藤原道家の時代

摂政藤原道家は九条廃帝の伯父であり、義時追討を決する会議にも加わっていたから、摂政を更迭《こうてつ》され、近衛流摂関家の藤原家実（四十三歳）がそれに替わった。後高倉院政下において、朝廷の実権を握ったのは大納言藤原（西園寺）公経《きんつね》であった。公経は、頼朝の姪に当たる藤原能保女を妻としていて、乱以前から幕府と近い関係にあった。承久の乱に際して幕府側に情報をもたらした功もあって、朝廷側の交渉窓口である関東申次という立場に就き、官職もあっという間に内大臣から、父の極官を超える太政大臣になっている。

貞応二年（一二二三）、後高倉院が亡くなり、政治は後堀河天皇の親政へと移行した。公経の婿に当たり、鎌倉殿三寅の父親である道家は、公経と連携し、次第に力を回復していった。寛喜元年（一二二九）、道家が三十九歳で関白に返り咲き、娘が後堀河天皇に入内した。そのころの道家の栄華を『神皇正統記《じんのうしょうとうき》』は「外祖ニテ道家ノオトヾ王室ノ権ヲトリテ、昔ノ執政ノゴトクニゾアリシ。東国ニアフギシ征夷大将軍頼経モ此大臣ノ胤子ナレバ、文武一ニテ権勢オハシケルトゾ」と述べ、『増鏡《ますかがみ》』は「同じ（寛喜）三年七月関白をば御太郎〈教実〉の大臣に譲り聞え給ひて、わが御身は大殿とて后宮の御親なれば、思

系図4　天皇・九条流摂関家・北条氏関係系図

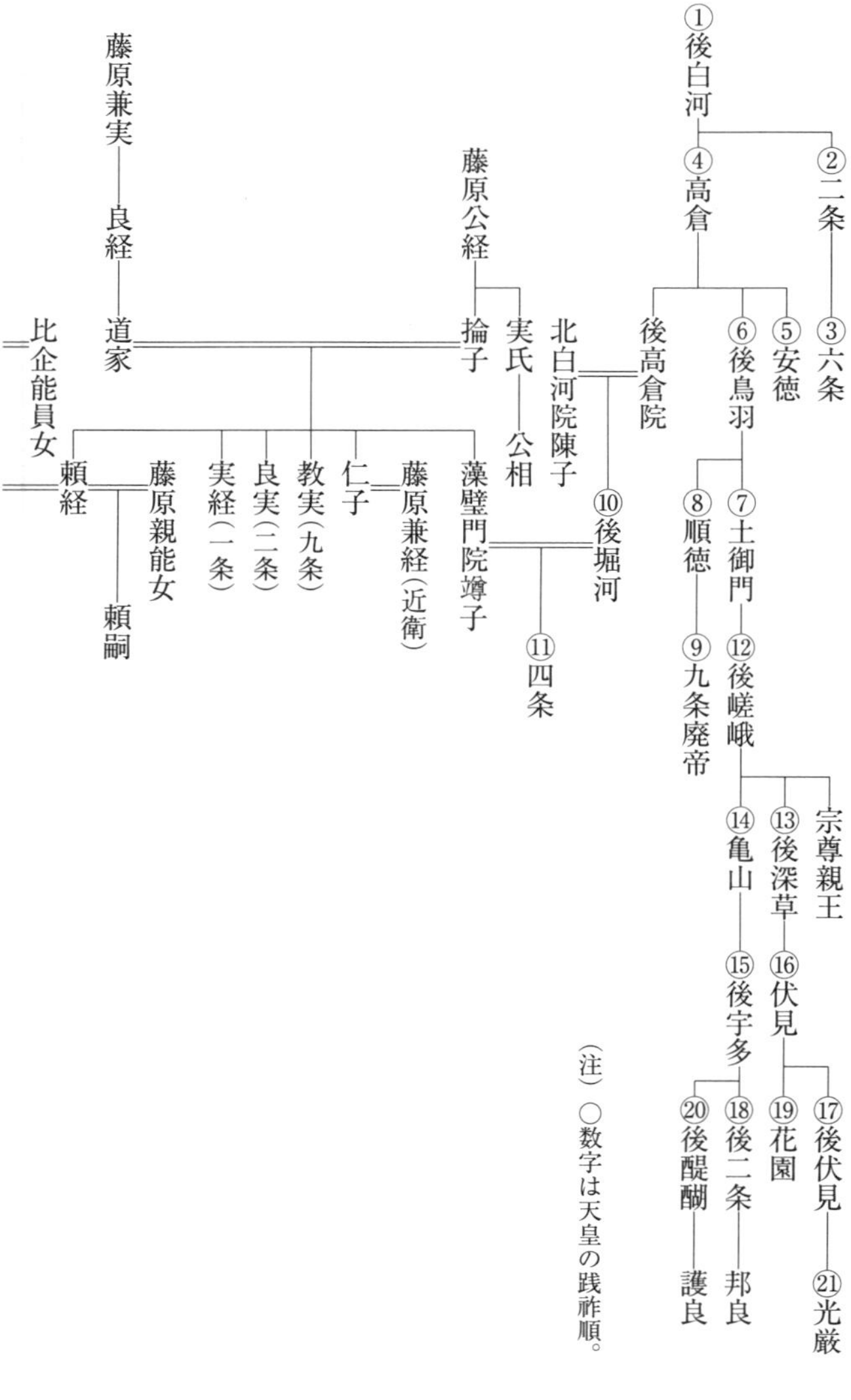

（注）○数字は天皇の践祚順。

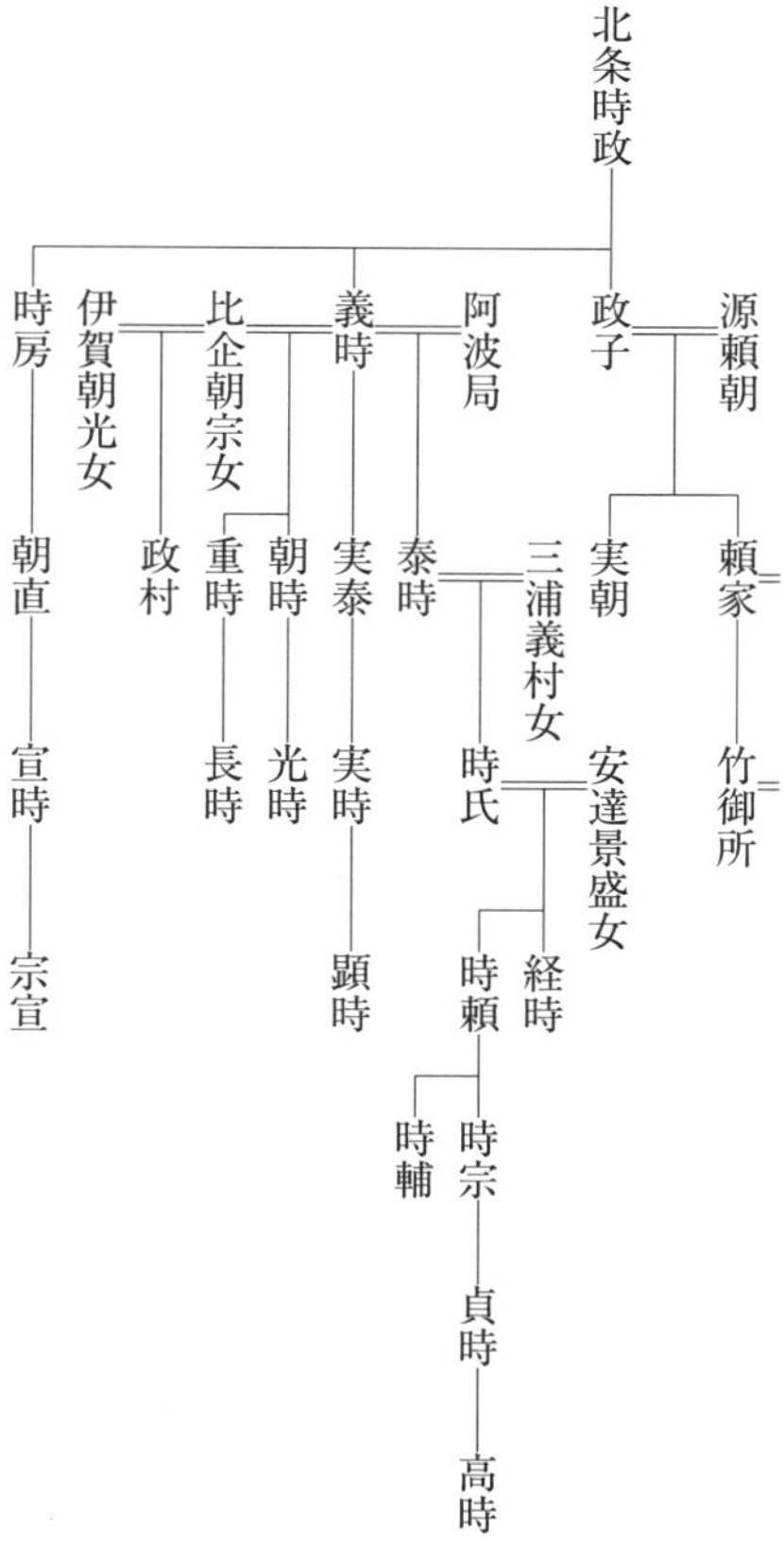

ひなしもやんごとなきに、御子どもさへいみじう栄え給ふさま、ためしなき程なり。東の将軍・山の座主・三井寺の長吏、山階寺《やましなでら》の別当・仁和寺の御室、みなこの殿の公達にておはすれば、すべて天の下はさながらまじる人少なう見えたり」と記している。建長四年（一二五二）までの二十四年間にわたって、自身・子息・婿が摂政・関白に入れ替わり就任し、鎌倉殿も子息頼経、娘竴子《しゅんし》が後堀河天皇の后で皇子を生んでいて、宗教界でも、

天台系の頂点に立つ天台座主に慈源・慈実、園城寺長吏に道智・行昭、南都の興福寺別当に円実、東大寺別当に勝信、真言系では別格の存在でこれまで皇子が入っていた仁和寺御室に法助と、多少の時期のずれはあっても道家の子息が相次いで就任している。中世国家を構成する権門のほぼすべてを子息や婿で押さえているのは、ほかに例がない。藤原氏の栄華というと十一世紀前半の藤原道長の時代と言われているが、道長さえも天台座主や園城寺長吏・興福寺別当・仁和寺御室に子息を就けることはなかった。

貞永元年（一二三二）には道家の外孫が四条天皇として二歳で践祚した。後堀河天皇は皇子の誕生時から譲位の意向があったというが、十月に天皇が践祚した先例はなく、二歳での践祚も夭逝した六条天皇のほかに例がなく、しかも鎌倉幕府の同意がない中で行われたものであった。彗星の出現を名目に、外祖父道家主導で強行されたと言っていいだろう。ただしこの時期の朝廷は道家の独裁政権ではなく、『増鏡』が「北の政所の御父は公経の大臣なれば、かの殿と一にて世はいよいよ御心のままなるべし」と述べているように、道家とその舅である公経という二人の協力体制によって動かされていた。天福元年（一二三三）五月の奏状で述べられている道家の政治方針は、後白河院・後鳥羽院の時代には失政があり、卿二位らの女房の口入によって政治が左右されたことの反省の上に立って、家の例を重視した秩序ある人事を行い、財力をもって国家に奉仕したものにも相応の官職を与え、人々に愁いが残らないような昇進を図るべきであるとする「任官叙位の事」と、道理に基づく理非決断が国を治め民を導く上で最も重要であるとして、訴訟制度の整備と迅速化を図ろうとする「訴訟決断の事」の二項目を大きな柱としている（天理図書館所蔵「九条家文書」）。そこには本義に復することを理想とする徳政の志向が見られる。

二歳で践祚した四条天皇は仁治三年（一二四二）正月九日十二歳で亡くなった。殿中で転んだのが原因だったらしく、怨霊の仕業だという噂もささやかれた。道家は幕府に後継天皇の人選を諮り、その返事を待つために空位が数日続くという違例の事態となった。十九日になってようやく幕府の使者安達義景が入京し、土御門上皇の宮邦仁（二十三歳、後《ご》嵯峨《さが》天皇）の践祚が決まった。この決定は道家や公経の意向に沿わないものであったが、朝廷はこれを受け容れた。公卿たちの議定《ぎじょう》によらず、幕府が皇嗣を決したことは、これまでの朝廷と幕府との関係が大きく変化したことを人々に印象づけるものとなった。さらに道家失脚後は摂関の人事も幕府の意向に左右されるようになる。践祚によって摂政藤原兼経がそのまま関白となったが、三月には道家の子良実に交替した。道家と良実とは不和であったが、公経が良実の後ろ盾となっていた。八月、藤原公経の孫に当たる姞子《きつし》（実氏の女）が後嵯峨天皇に入内し、翌年皇子が誕生した。

寛元四年（一二四六）、二十七歳の後嵯峨天皇が四歳の後深草《ごふかくさ》天皇に譲位し、院政をしいた。承久の乱後、初めての本格的な院政が開始されたと言っていいだろう。道家は良実を更迭し、愛子実経を摂政に就けた。後嵯峨上皇のもとでは大臣から参議クラスの公卿五・六名から構成される評定《ひょうじょう》会議が毎月六回程度開かれ、所領相論《そうろん》などが審議された。また上皇への奏事を担当する二名の伝奏《てんそう》人が定められ、一日おきに院御所に出仕する制度が作られた。こうして院の評定制・伝奏制が成立し、院政が制度的な完成を見た（美川圭『院政』中公新書、二〇〇六年）。寛元二年八月に公経が亡くなった後、関東申次《かんとうもうしつぎ》の役は「秘事・重事」については道家、「僧俗官等の事」は摂政実経、その他の「雑務」は奉行院司である藤原定嗣が分業する体制がとられ、公武関係も順調であるかに思われた。

ところが五月になると、鎌倉で前将軍藤原頼経と名越光時らが陰謀を図ったとする宮騒動が起こり、頼経は京都に送還され、父道家も事件の黒幕とされて失脚し、籠居に追い込まれてしまう。後嵯峨上皇は、正元元年（一二五九）十七歳になった後深草天皇に代えて、十一歳の弟宮を亀山天皇として践祚させた。以後、両天皇の子孫がほぼ交互に皇位に即く。後深草天皇の子孫は持明院統と呼ばれ、亀山天皇の子孫は大覚寺統と称される両統迭立の時代を迎え、やがてこれが南北朝内乱へとつながっていくことになる。

三浦氏と朝廷

承久の乱後の戦後処理で朝廷に対して存在感を示した義村は、朝廷から見ると北条義時亡き後の幕府の顔であった。嘉禄元年（一二二五）、八歳になっていた三寅の元服が公武間の論点になっている。摂関家では十一歳での元服が「家の例」であったから、八歳での元服は幕府側の意向によるものだと思われる。摂政藤原家実や関東申次藤原公経は幕府の意向を図りかねていたが、その時に公経は「義村等の存旨」と表現しているから、朝廷が義村の意向をいかに気にしていたかがわかる（『明月《めいげつ》記《き》』嘉禄元年十月二十八日条）。寛喜元年十月には、関白に復帰していた道家を義村が更迭しようとしているとの話が道家の耳に入ったことが藤原定家の『明月記』に記されている。事実関係については噂の域を出ないが、義村の意向が関白の地位を左右しかねないほどのものであると認識されていた点は間違いない。また、後堀河天皇の後継者が定まらない中で、義村が高倉天皇の孫交野《かたの》宮の母方の叔父源通時と北条義時の娘を結婚させようとしたことを、定家は「義村の八難六奇の謀略」と称した（『明月記』嘉禄元年十月十九日条）。義村を漢の軍略家張良《ちょうりょう》・陳平《ちんぺい》に比しているのである。

暦仁元年（一二三八）の将軍頼経の上洛は、京都や奈良の人々に幕府の実力を見せつける華やかな舞台であった。頼経は上洛中に権中納言・大納言という議政官に任じられ、京都の軍事警察権・行政権を持つ検非違使別当《けびいしべっとう》の地位に就いた。これは鎌倉幕府の首長が朝廷の政治と警固の一翼を担っていることを示すものであり、数々の贈答や寄進は幕府の経済力の大きさを物語っていた。頼経の在京中に行われた弟たちの天台座主就任儀礼や仁和寺御室への入室儀礼は、藤原道家の子息たちが天台・真言の宗教権門の頂点に立つこと、それを幕府が保証していることを示した。入京した行列の先陣を勤めたのが三浦義村である。上洛最大の目的である春日社（藤原氏の氏社）参詣でも、義村が先陣を勤め、一行の昼食とそのための施設はすべて義村が調え、春日山を義村の私兵が取り囲むという威容を人々に示した（『玉蘂《ぎょくずい》』）。

鎌倉幕府の中でも朝廷から最も重んじられた義村ら三浦一族は、朝廷において実権を握っていた藤原公経・藤原道家と深いかかわりを有していた。

承久の乱後、北条泰時・三浦泰村の二人が一時管掌した院御厩は、半年後に公経の子息実氏に託された。その時の使者の一人が泰村であった。御厩別当職に付属する二つの牧は河内国にあったから、河内守護の義村とのつながりも生まれたであろう。のちには義村の子光村が河内守になっている。

寛喜元年七月天台座主となって初めて比叡山の諸堂を拝する良快（藤原兼実の子）の牛車近くに候した上童箱熊丸（三浦義村の子息）の装束と、天福元年四月の賀茂祭に供奉した検非違使光村の装束を調えたのは藤原公経であった（『明月記』『華頂要略』『民経記』）。光村は同年五月には公経の河崎泉邸に招かれ、家司三善長衡らの歓待を受けている（『明月記』）。また光村は幕府の使者として道家邸を訪れることもあった。義村も上洛時には公経に馬を贈っている（『玉蘂』）。

公経の「家」は琵琶《びわ》を得意としていて、天皇の師範も勤めていた。鎌倉時代の琵琶は西園寺の「家」と、地下楽人《じげがくにん》藤原孝道ら西院流の琵琶師範家によって支えられていたが、光村は孝道の子孝時から秘曲の伝授を受けて、「琵琶血脈」に名を記されている。道家の子実経や公経の孫公相とは兄弟弟子であった。

京都の貴族との間には婚姻関係も結ばれていた。三浦泰村の妻は源通親の娘であったし、義村の娘は九条家の家人権中納言藤原親季に嫁いでいる。また、通親のもと家人が義村の右筆《ゆうひつ》になっているし、琵琶の師匠クラスの腕を持つ僧侶が光村に仕えていた（『文机談《ぶんきだん》』）。

北条時氏の外祖父義村の駿河守や、時氏の母の再婚相手で、六波羅探題になった時氏とともに在京した佐原盛連の遠江守《とおとうみ》への任官は、鎌倉幕府の強い影響下で行われたが、そ

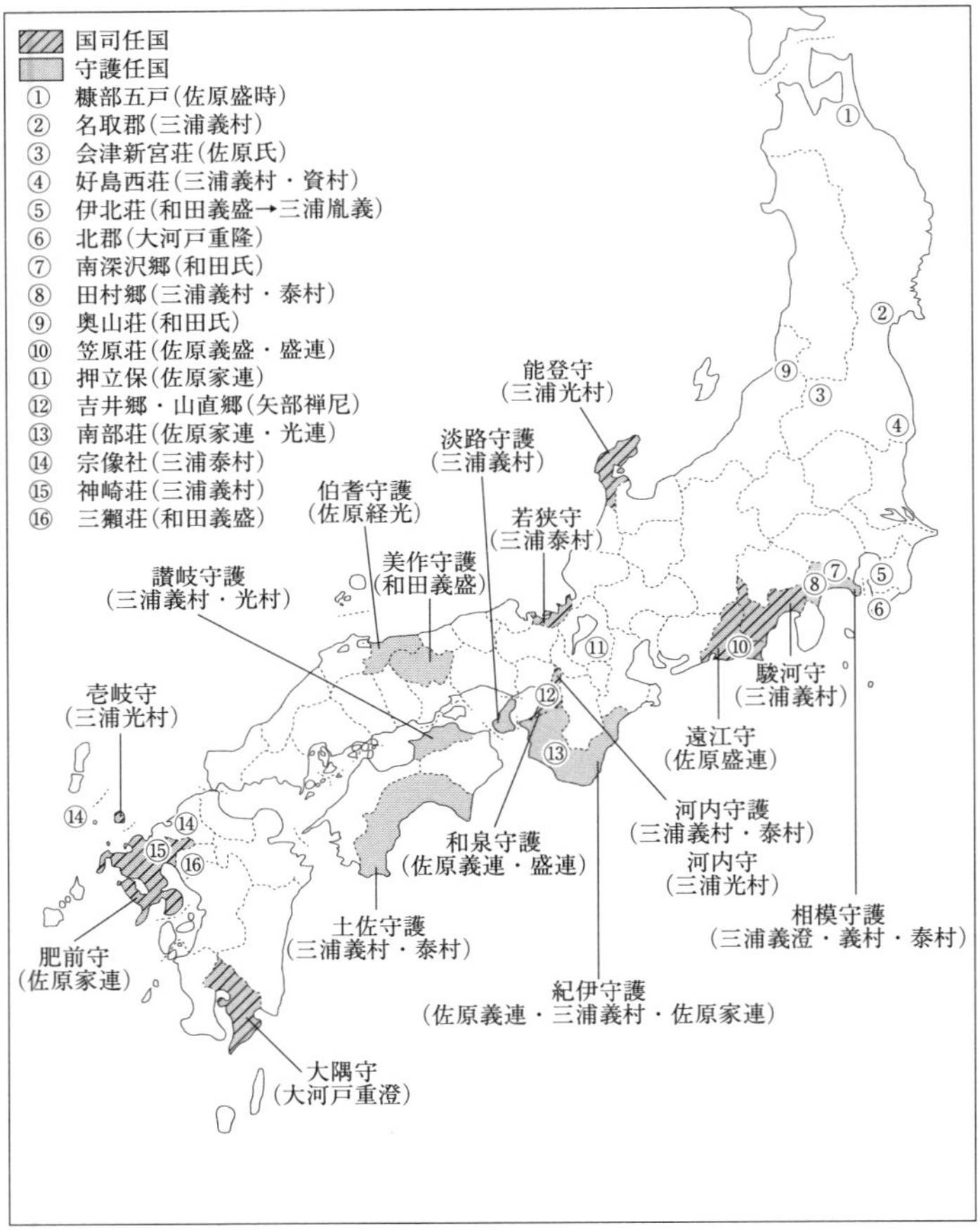

地図2　三浦一族の国司・守護任国および所領分布図（真鍋淳哉「院政・鎌倉期の三浦一族」〈『三浦一族研究』10号，2006年〉所収の図に，加筆・修正して作成）

の後の佐原家連の肥前守、三浦泰村の若狭守、三浦光村の壱岐《いき》守・河内守・能登守は、鎌倉幕府が左右できる国々の受領《ずりょう》ではない。肥前や能登は院の近臣が代々受領となってきた国だし、若狭は四条天皇の母北白河院の知行国、河内は三浦氏の姻戚でもある久我家の一門源具実が知行国主であった。壱岐守は検非違使経験者がその功績で任官することが多い官職である。任官には幕府の推挙が必要であったが、彼らはそれぞれ朝廷や院宮とのつながりを得て、これらの国々の受領になったと見られる。三浦氏が日宋貿易とかかわる宗《むな》像《かた》社や肥前国神崎荘を所領としたことはよく知られているが、三浦一族は肥前守・壱岐守としても日宋貿易に関与した。この中で、光村が大国の河内から等級の劣る中国の能登の守になっていることも注目される。日本海に飛び出した能登は、日本海交易の結節点であった。泰村・光村兄弟が若狭守や能登守になっているのは、彼らの目が北条氏に先んじて日本海交易に向けられはじめたことを示すものなのかもしれない。

幕府政治の展開

頼朝幕府の終焉

元仁元年（一二二四）六月の北条義時（六十二歳）の死去は、幕府や北条の家にも動揺をもたらせた。六波羅探題として京都にいた嫡子泰時と鎌倉にいた後家腹の政村との間で、相続をめぐって戦いになるのではないかという観測もあったほどである。実質的に鎌倉殿の役割を代行していた政子は鎌倉に戻った時房（義時弟、五十歳）と泰時（四十二歳）に「軍営の御後見として武家の事を執行すべきの旨」を命じた（『吾妻鏡』貞応三年六月二十三日条）。両執権体制の成立である。ただし、時房についてはもう少し後まで六波羅探題の任にあり、嘉禄元年（一二二五）の政子の没後に執権に就任したと考えられている（上横手雅敬『日本中世政治史研究』塙書房、一九七〇年)。『吾妻鏡』の記事は編纂段階の認識で多少手が加わっている可能性がある。

義時の後家である伊賀朝光の娘が、婿の藤原(一条)実雅を将軍に立て、政村を執権とし、伊賀光宗らが実務を担う体制をつくろうと企てたとして、義時の姉である政子が動いた。異母兄弟間の継承者争いに政子が介入し、話が謀反事件に仕立てられてしまったようである。政子は、政村の烏帽子親《えぼしおや》であった三浦義村を呼び寄せて、泰時が後継者であることを納得させ、伊賀氏兄弟をスケープゴートにすることで兄弟の和平を保たせた。そして、四十九日仏事の翌日には、三寅とともに泰時邸に赴き、「私はいま若君を抱いて時房・泰時と一緒にいる。義村もここに候するように」と義村を呼び寄せ、他の宿老らも召して、幕府の新体制を内外にアピールした。この事件で配流された伊賀氏兄弟がその後赦《ゆる》され、幕府の実務を担ったことから見ても、謀反事件の事実の程は疑わしい。

時房・泰時が鎌倉に戻ったことで、二人の子時盛・時氏(時氏は義村の外孫)が京都に派遣され、その後、六波羅探題となった。

嘉禄元年(一二二五)、幕府を支えてきた大江広元と政子が相次いで亡くなった。頼朝の後家と執事であった二人の死によって頼朝の「家」としての幕府は終わりを告げる。鎌倉殿の地位は三寅(頼経)が引き継ぎ、政子の追善仏事の執行に代表される頼朝夫妻の

「家」は実質的に頼家女（竹御所）が継承することになった。時房・泰時の新政権はその年の内に鎌倉殿の御所（幕府）を宇津宮辻子《ずし》へと移し、元服して将軍宣下を受けた頼経を戴く新しい幕府が頼朝の「右大将家」とは明らかに異なるものであることをはっきりと視覚的にも示した。その後、頼経と十五歳年上の頼家女は結婚したが、子に恵まれることなく頼家女は亡くなり、頼朝・政子の「家」と幕府を再統合させる鎌倉殿の誕生は実現されなかった。そのため、政子を追善する仏事は北条泰時によって引き継がれることになる。

鎌倉幕府のリニューアル

この嘉禄元年には、事務官僚と三浦義村らの宿老計十一名の合議制をとる評定衆《ひょうじょうしゅう》が設置され、新御所で評議始が行われた。両執権が主導する幕府の政務と裁判を支える体制がつくられたといえるだろう。また、貞永元年（一二三二）には、武家社会の慣習と頼朝以来の判例をもとにした幕府独自の成文法である貞永式目《じょうえいしきもく》（御成敗式目《ごせいばいしきもく》）が定められた。朝廷では律令の系譜を引く公家法が用いられ、摂関家や寺社にはそれぞれ本所法と呼ばれる慣習法があるという多元的な法社会の中で、御家人に対して、あるいは一方の当事者が御家人であるなどの理由で幕府に持ち込まれた裁判で適用されるという限定された適用範囲の法ではあったが、影響力は大きく、室町時代にも基本法として効力が生き続けた。

泰時の時代は、都市としての鎌倉が整備された時期でもある。都市鎌倉の行政単位である「保《ほ》」ごとに置かれた奉行人の役割が定められ（『吾妻鏡』仁治元年二月二日条）、仁治元年（一二四〇）には山内《やまのうち》の小袋坂の切通《きりどおし》、翌年には六浦《むつら》道の朝比奈切通が造られている（朝夷《あさひな》義秀が切り開いたという伝承があるが、時期が異なるし、朝夷の苗字地は安房国朝夷郡である）。これは山に囲まれた鎌倉の険阻な道を直し、外部から人や物を入りやすくするためであった（『吾妻鏡』建長二年六月三日条）。巷間、鎌倉全体を城郭のイメージで捉え、頼朝は攻められにくい地形を選んで鎌倉を本拠地とし、防御のために人一人、馬一頭しか通れないような切通を造ったと言われることがあるが、頼朝が鎌倉に居を構えたのは、要害の地であるとともに祖先の由緒を重んじてのことであり、切通が頼朝時代に、しかも防御の目的で造られたことを示す史料はない。

泰時の政治が進められているなか、延応元年（一二三九）十二月五日の夜に三浦義村が亡くなった。『吾妻鏡』は「頓死。大中風」と記しているから、脳卒中による突然の死だったようである。その晩のうちに、泰村は義村邸を訪れ、子息等を弔問している。義村の年齢を伝える史料はないが、頼朝の挙兵には参加しておらず、元暦元年（一一八四）に初めて従軍していることを勘案すると、仁安三年（一一六八）生まれ、享年七十二歳であったとみられる。翌仁治元年正月に執権北条時房も急死したことから、義村・時房の死は後鳥羽上皇の怨霊の仕業であると噂された（『平戸記《へいこき》』）。子息の泰村・光村・家村・資村・胤村・重村に義村遺跡安堵《あんど》の下文《くだしぶみ》が発給されたのは四月半ばのことであった。

仁治三年、泰時が六十歳で亡くなると、孫の経時が十九歳で執権の地位に就いた。義村を外祖父とする泰時の嫡子時氏は十二年前に早世していた。時房の死後、執権の一人は欠員のままであり、泰時を支えていた宿老三浦義村も死去していたから、若い経時を支えたのは中原師員《もろかず》らの事務官人たちと、外戚の安達氏、三浦泰村らであった。

東下して二十年余り経つ将軍頼経のもとには有力御家人を含む親将軍勢力が形成されつつあり、経時政権にとって最大の不安定要素になっていた。寛元元年（一二四三）十月から小御所《こごしょ》の造営が始まって、十二月に頼経がそこに移り、年が明けるころから頼経若君（のちの頼嗣）の周辺が慌ただしくなってくるのは、将軍の代替わりを図る準備だと思われる。四月の若君元服は新将軍として擁立することを前提としたもので、宣下を要請する使者はその日の内に出発した。ただし、頼嗣への代替わり後も、頼経は大殿《おおとの》として君臨した（「大殿」の称は、摂関家の家長に対して用いられてきたもので、頼経の「家」が摂関家に準じるものであったことを示している）。幕府は寛元三年春の頼経上洛を企図するが、実現できなかった。ただし、日次《ひなみ》の選定など準備が行われていることからしても、旅行を目的としたものであって、頼経の京都送還を目的とするものではない。経時は頼嗣に妹を嫁がせるなど、権力基盤を強固にしようと努めた。訴訟制度の整備や治安維持に関する法令を積極的に出すなど、政務にも意欲的だったが、寛元四年、病に倒れてしまう。二人の子息は幼かったため、弟の時頼（二十歳）に執権職が譲られた。

宮騒動と宝治合戦

経時が亡くなると、鎌倉とその周辺は甲冑に身を固めた武士たちが行き交う不穏な空気に包まれた。五月末に鎌倉で起こった「宮騒動」と呼ばれる事件について、前関白藤原兼経の『岡屋関白記』寛元四年六月九日条は「また関東に事有りと云々。入道大納言謀察を廻らし、武士等に相触れ、時頼〈泰時朝臣の末子。兄経時死去の後、執権の者なり〉を討たんと欲す。また調伏の祈り等を行わしむ。この事発覚するの間、騒動。……入道幽閉せらると云々。使者たやすく通わず。よって京都の人実説を知らず。東山辺畏怖有るべしと云々」と記し、十六日条では「近日天下嗷々《ごうごう》。或いは云く、武士等鬱憤の間、来月十一日入道将軍関東より京都に追い上ると云々。かの入道の上洛本懐の由披露す。但し実は追却の儀と云々。この騒動あらあら人口に聞くのところ、入道将軍、東山禅閤に示し合わせ謀《はかりごと》を廻《めぐ》らし、猛将等に相語らい故泰時朝臣の子息等を討たんと欲す。かつがつ僧徒をもって調伏《ちょうぶく》の法を行わしめ、また呪詛せしむ。経時の早世この故なり。件《くだん》の奇謀発覚の間、この大事に及ぶ」と述べている。頼経が父道家と謀って武士に時頼を討たせようとし、それが発覚して頼経は幽閉され、京都に送還されることになったというのが、京都にいた摂関家の当主が耳にした情報であった。『吾妻鏡』や『関東評定伝《かんとうひょうじょうでん》』などの関連史料で補うと、その武士というのは、北条氏の一門である名越《なごえ》光時・時章・時長らの兄弟であり、評定衆の後藤基綱・藤原為佐・千葉秀胤・三善康持も連座するという大規模な事件であった。

七月、頼経は京都に送還された。寛元三年に企図された上洛が旅行目的だったのとは異なり、今回の上洛は迅速に決行されている。『吾妻鏡』同年八月十二日条は、路次の供奉《ぐぶ》人《にん》として従った三浦光村が六波羅の邸宅の御簾の砌《みぎり》に留まって数刻動かず、二十余年昵近《じっきん》した頼経との別れを惜しんで涙を流し、人々に「相構えて今一度鎌倉中に入れ奉らんと欲す」と語ったという逸話を紹介している。こうした話もあって、執権北条時頼が外戚の安達景盛らと謀って、頼経と結びついていた光村の処分を打ち出すなど、三浦氏に対してあらゆる挑発・謀略を尽くして戦闘に持ち込んだのが宝治合戦であったというのが通説的な見方である。

しかし、『吾妻鏡』の八月十二日条は、頼経が何時に六波羅若松殿に入ったかという日記を原史料とするような淡々とした記事を記した後に、「今月一日」と時間を遡らせた上で、この逸話を載せる。別の情報源の史料、あるいは新たな作文を後から挿入した体裁であり、その真偽の程は疑わしいと言わなくてはならない。

『吾妻鏡』による限り、宝治合戦当日まで時頼と泰村とは良好な関係にあった。時頼の意図ではなく、安達景盛の主導で三浦一族の滅亡が図られたようである。泰時世代から経時・時頼世代への交替によって、それを支える外戚が三浦氏から安達氏に替わり、幕府の中核となる体制も北条・三浦の体制から北条・安達の体制へ替えようとする狙いがあったと見られる。時頼と泰村は、それを回避すべく、泰村の子駒石丸を時頼の養子とする縁戚関係を結んだり、時頼が泰村邸に渡るなどしたが、当時の人々が神意の表れと考えていた立て札や落書で批判されて三浦氏は追い詰められていった。三浦氏の中でも光村らのようにいくさの準備を進めようとする勢力もあり、結局は安達泰盛らに先制攻撃を仕掛けられて、泰村・光村を始めとする三浦一族は頼朝の法華堂に籠もり自刃《じじん》することになったのである。一族が頼朝の墓所堂を死に場所に選んだのは、頼朝の幕府とともにあった一族の歴史とその立場を確認し、誇示するためだったのだろう。

宝治合戦後の幕府と三浦一族

宝治合戦後の幕府は、若い時頼と、もうひとりの執権で身分的には上位である北条重時の二人が中心で、政村らの北条氏一門、外戚の安達氏、中原師員や二階堂氏などの実務官僚系御家人が支えていた。幕府の儀礼などの場において、従来の位階や官職に規定された身分的な枠組みを越えて、無位無官の北条氏の子弟が上席を占めるようになるなど、北条氏の権力伸張は著しかった。

宝治合戦で泰村・光村ら一族の中核を失った三浦氏は、これに与《くみ》しなかった佐原系の光盛・盛時・時連兄弟の子孫が残った。佐原氏の中でも家連・政連の子孫は泰村らとともに自害したが、時氏の同母兄弟である光盛・盛時・時連とその異母兄弟たちは北条・安達側についたのである（兄弟の母である義村の娘矢部禅尼は、北条泰時と早くに離婚し、佐原盛連と再婚していた）。かれらは宝治合戦以前は、遠江守盛連の子息であることを示す「遠江」を冠した称号、「遠江次郎左衛門尉」「遠江五郎左衛門尉」「遠江六郎兵衛尉」を名乗っていた。ところが、宝治合戦後、盛時が「三浦五郎左衛門尉」を名乗りはじめる。盛時は頼嗣の鶴岡八幡宮参詣の随兵名簿に波多野義重よりも下位に名を記されたことに不満を示し、「当家代々いまだ超越の遺恨を含まず」と訴えた（『吾妻鏡』宝治元年十一月十六日条）。この盛時の言う「家」は義村・泰村を長とした三浦の「家」であり、その継承者としての意識である。翌月から盛時は「三浦介」と称されるようになっているから、三浦の「家」とそれを象徴する「職」の継承を自他共に認められたことになる。三浦介の地位は、その後、盛時から子息頼盛、その子時明へと継承された。相模守護の職は失ったようだが、相模国の国衙が所在する大磯郷は三浦介の家に伝領されたし（「宇都宮氏家蔵文書」）、相模国一宮に使として派遣されるなど（『吾妻鏡』宝治元年八月十四日条）、その後も「三浦介」として国衙に深く関わっていた形跡がある。南北朝期になっても、三浦介は千葉介の下位には甘

系図5　佐原系三浦氏系図

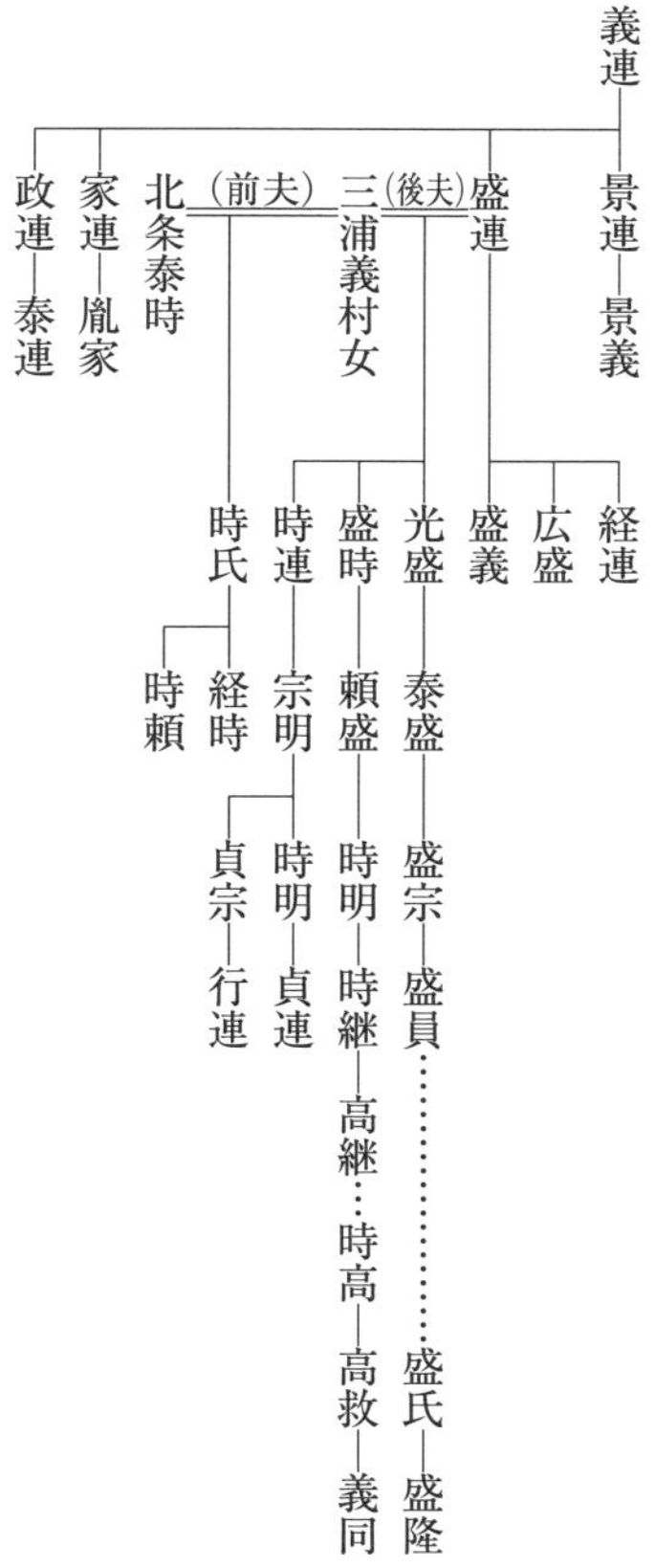

んじないという高い身分意識を持ち続けていた（『太平記』）。

盛時の系統が三浦介を称したのに対して、光盛の系統は「佐原遠江前司跡」の惣領的立場に立った。建治元年（一二七五）の「六条八幡宮造営注文」には、鎌倉在住の有力御家人であることを示す「鎌倉中」の項目のなかに「佐原遠江前司跡」が記されている。その負担額は七十貫文（銭七万枚）で、執権北条時宗の五百貫、北条時房跡の三百貫とは比べようもないが、「鎌倉中」の平均約四十貫文よりも多く、「相模国」に属する御家人の最高額が二十貫文、平均約五・七五貫文であることを考えると、有力御家人であったことは間違いない。宝治合戦後の三浦一族が半島先端部に閉じこめられ、北条氏に比肩していた勢力はそがれて無力化したとするかつてのイメージは誤りである。

もう一人の兄弟、時連の系統は検非違使に任じられたり幕府の使節を勤めるなど公武関係に重要な役割を果たすようになる。これはかつて三浦光村が担っていた役割である。

「六条八幡宮造営注文」の「相模国」には、「大多和次郎跡」や、越後国奥山荘にも所領を持っていた和田氏（和田義盛の弟宗実の子孫）の「高井兵衛三郎入道」（時茂《ときもち》）が見える。その負担額は五貫文と少額であった。時茂は宝治合戦にも動かず、幕府から赦免の御教《み ぎょう》書《しょ》を得たという。承久の乱の謀反人三浦胤義の子息を妹の婿とし、横須賀を名乗る胤義の

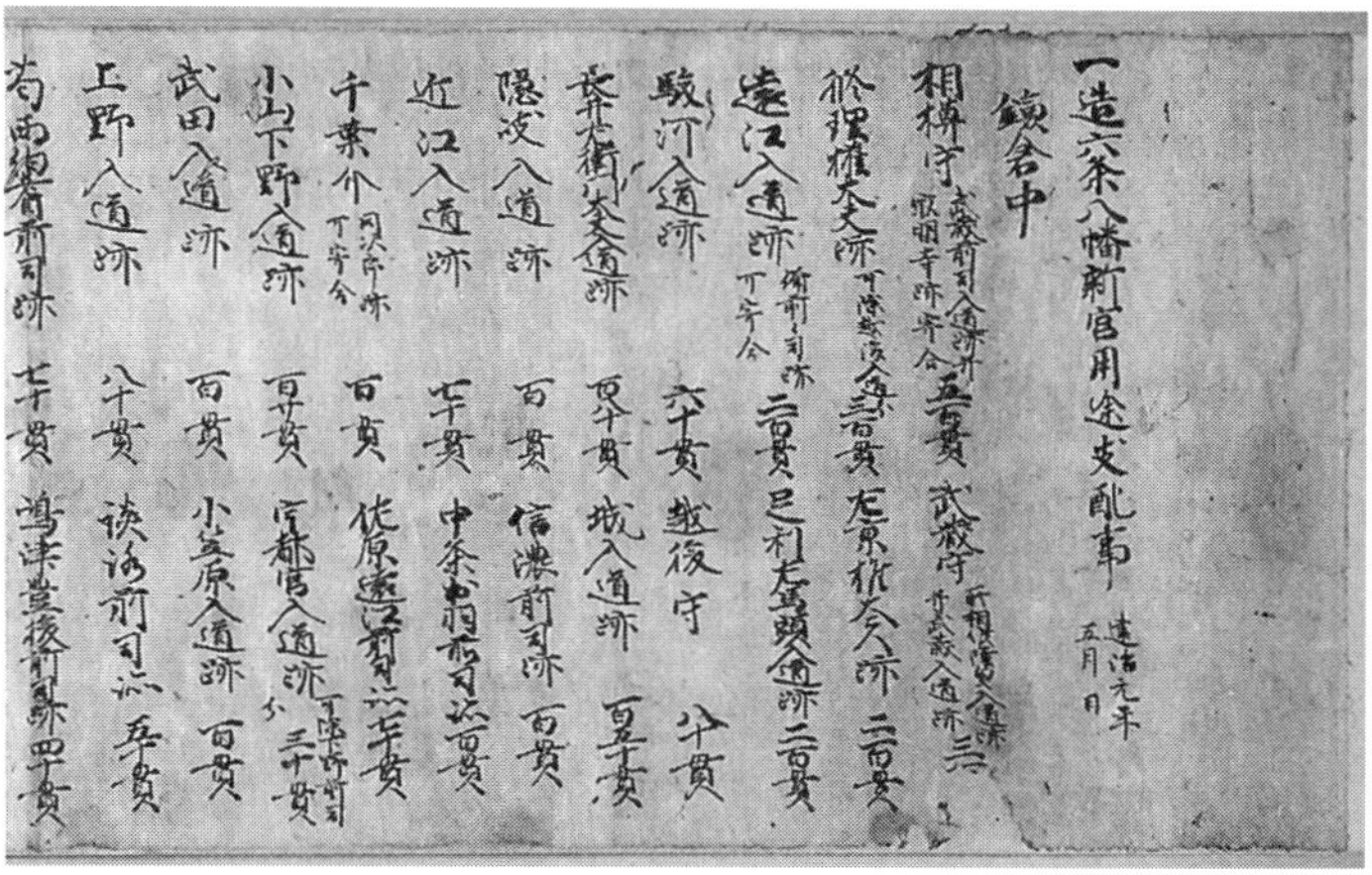

図13　「六条八幡宮造営注文」(国立歴史民俗博物館所蔵)

子孫と思われる人物や宝治合戦に与同した三浦氏の一族の子息を家臣として受け容れるなど、一族のアジール的な、もうひとつの小さな核となっていた。

建長四年(一二五二)、藤原道家の死去と相前後して、十七歳になった将軍頼嗣の辞職が決められ、後嵯峨上皇の皇子の東下が要請され、三月には第一皇子宗尊《むねたか》親王の下向が実現した。大磯宿での饗応は三浦(佐原)盛時が担当し、盛時・光盛らは固瀬宿で宗尊親王を出迎えた。念願の皇族将軍のもとで、幕府は新たな展開を迎えることになる。幕府の儀礼は、宗尊の地位に見合った「親王の儀」「行啓《ぎょうけい》の儀」として整えられた。宗尊親王時代の幕府は、治安維持や物価安定を図るための法令を次々に発布し、変動する社会に何とか対応しようとした。康元元年（一二五六）、北条重時が執権（連署）を辞して、弟政村に替わり、時頼は三十歳で出家した。自由出家を罰する法があるにもかかわらず、佐原三兄弟は結城氏・二階堂氏の三兄弟とともに、後を追って出家した。

幼い時頼の子息に代わって、一門の長時（二十八歳）が執権の座に就いた。時頼は弘長三年（一二六三）に三十七歳で死去し、翌年長時が三十五歳で死ぬと、政村（六十歳）と、時頼の幼い子息時宗（十四歳）の両執権体制となった。時宗の妻には安達義景の女が迎えられており、かつての経時・時頼時代同様、若い北条氏嫡流（得宗）を一門の長老と外戚の安達氏が支える体制が再びつくられたのである。裁判の判決を下したり、重要な政策を決する評定は政村が主催した。時宗が評定に加わるのは、文永五年（一二六八）に十八歳になってからである。再審専門の訴訟機関である越訴方《おっそがた》が設けられ、北条実時と安達泰盛の二人が奉行人となった。この時期には、御家人所領の安定を図る法令が数多く出され、裁判制度の改革が進められている。

鎌倉時代の文化

和歌と文学

かつて、鎌倉文化は、担い手である武士の気風を反映した素朴で力強い文化であると説明されていた。それを象徴する作品が東大寺南大門の金剛力士像（運慶《うんけい》・快慶《かいけい》らの作）である。しかし、現在、六割以上の中学生が使っている歴史教科書は、鎌倉文化を貴族による朝廷文化の見直しと捉え、その代表として後鳥羽上皇の命で藤原定家《ていか》らが編纂した『新古今和歌集』（一二〇五年成立）を挙げている。高い芸術性を持つ観念的な美意識に彩られた『新古今和歌集』の歌風は、中世歌壇の頂点に位置した。その後も『新勅撰和歌集』（後堀河天皇下命、一二三五年成立）、『続《しょく》後撰和歌集』（後嵯峨上皇下命、一二五一年成立）、『続古今和歌集』（後嵯峨上皇下命、一二六六年成立）、『続拾遺和

歌集』(亀山上皇下命、一二七八年成立)、『新後撰和歌集』(後宇多上皇下命、一三〇三年成立)、『玉葉和歌集』(伏見上皇下命、一三一二年成立)、『続千載和歌集』(後宇多法皇下命、一三二〇年成立)、『続後拾遺和歌集』(後醍醐天皇下命、一三二六年成立)という八つの勅撰和歌集が次々と編纂された。

和歌は単なる貴族のたしなみではない。『金槐《きんかい》和歌集』を残した鎌倉幕府三代将軍の源実朝や、皇族将軍の宗尊親王は歌人将軍としても知られているが、源頼朝や北条泰時も『新古今和歌集』以下に入集している勅撰歌人であった。鎌倉時代中後期の勅撰集になると、北条氏の人たちが続々と入集している。その数は五十八名、四百三十六首。これは摂関家の人々に匹敵するという。当時の人々にとって勅撰歌人となることは憧れであり、名誉であった。撰者は歌の優劣のみで選考したのではなく、政治的な配慮も必要だった。限られたメンバーで行われた和歌会や歌合に加わることを含めて、和歌はまさに政治であった(小川剛生『武士はなぜ歌を詠むのか』角川叢書、二〇〇八年)。北条氏のみならず、宇都宮氏・二階堂氏・後藤氏などの御家人も勅撰集に入集しており、『続拾遺和歌集』以降の勅撰集では、武家歌人が全体の一割を超えている(深津睦夫『中世勅撰和歌集史の構想』笠間書院、二〇〇五年)。勅撰集に名を載せるには五位の身分が必要であり、五位に満たない人々の歌は選ばれても、「詠み人知らず」とされるか、俗世の身分体系を離れた法名で名を載せられた（小川剛生「五位と六位の間」『軍記と語り物』五〇、二〇一四年）。勅撰集に御家人の名が多く見られるようになるのは、御家人の身分が総じて上昇したことも示している。

三浦一族の中では、実朝に近仕した和田朝盛や京都での活動が顕著だった三浦光村が和歌の会に参加していたことが『吾妻鏡』に見える。ただし彼らの歌は勅撰集には選ばれていないし、後藤基政が編纂した私撰集『東国和歌六帖』などにも見えない。

軍記物の代表が『平家物語』である。軍記物には武士の物語というイメージが強いが、『平家物語』の冒頭、祇園精舎《ぎおんしょうじゃ》に続く物語の始まりは、武士らしい海賊退治の話ではなく、平忠盛が得長寿院の造営の功で院の昇殿を許される話、すなわち平家が貴族社会のメンバーシップを獲得するところから始まる。『平家物語』が貴族社会を舞台にした平家の栄華と没落の物語であることを示していると言えよう。鎌倉時代に原形が成立した『平家物語』の諸本の中でも、古態とされる延慶本『平家物語』には、頼朝の挙兵前からの三浦一族の動向が詳しく記されている。とくに小坪合戦から衣笠合戦、安房への逃亡の記述は三浦一族を主役として描かれている。そのため、三浦一族の家伝的な伝承がこの部分の記述の原史料だったのではないかと考えられている（砂川博『平家物語の形成と琵琶法師』おうふう、二〇〇一年）。

この時代には『古今著聞集』『沙石集《しやせきしゆう》』『文机談』などの説話集もつくられている。梶原氏の一族出身といわれる僧無住《むじゆう》の手になる『沙石集』には、東国の武家社会を舞台とする仏教説話が多く収められ、橘成季《たちばなのなりすえ》の『古今著聞集』には佐原義連・和田義盛・三浦義村、音楽説話集『文机談』には三浦義村・光村も登場する。また、兼好法師《けんこうほうし》の随筆『徒然草』には「悲田院の堯蓮上人は、俗称は三浦のなにがしとかや、左右《そう》なき武者なり」で始まる一段が収められている。

鎌倉仏教と三浦氏

鎌倉時代の仏教は、延暦寺・園城寺などの天台系、仁和寺・東寺などの真言系と、東大寺・興福寺などの南都系が主流であった。現在では、こうした宗教勢力のあり方を顕密《けんみつ》体制と呼んでいる。多様な教えを内包していた天台系の中から、法然《ほうねん》・親鸞《しんらん》らの専修《せんじゆ》念仏、日蓮の法華信仰、栄西《えいさい》の禅など、「鎌倉新仏教」と呼ばれる動きが出てくる。その動きに刺激されたこともあって、「旧仏教」側でも貞慶や明恵《みようえ》による改革運動や、叡尊・忍性《にんしよう》ら律宗の慈善救済活動が行われるようになったといわれる。

しかし、栄西の表の顔は、鎌倉将軍家の帰依《きえ》を受けた天台系の高僧であったし、極端な教えを広めようとした法然・親鸞や日蓮は、異端として弾圧を受けた。法然や親鸞の在世中に「浄土宗」「浄土真宗」という教団が形成されていたわけではないし、鎌倉時代の社会の中でこれらの教えが主流だったわけでもなかった。彼らの教えの多くが顕密仏教のなかにすでに萌芽が見られるもので、決して新しくはないという点から、「鎌倉新仏教」の用語を使わないという研究動向も見られる（平雅行「鎌倉仏教論」『岩波講座日本通史　第8巻　中世2』岩波書店、一九九三年）。

もっぱら阿弥陀仏を信仰し、念仏を唱えることで死後は極楽浄土に往生できるという教えの影響は三浦一族にも見られる。和田義盛夫妻が運慶につくらせたと見られる阿弥陀三尊像が現存するし、三浦義村が寛喜元年（一二二九）に阿弥陀来迎《らいごう》の儀礼である迎講《むかえこう》を三崎の海上で盛大に営んでいる。導師は天台系の高僧浄蓮房源延が勤めた。和田朝盛出家の戒師を勤めたのもこの浄蓮房で、朝盛は「実阿弥陀仏」という阿弥号を名乗っている。また、義澄時代には天台の学僧忠快を三浦に招き、佐原家連は泉涌寺《せんにゆうじ》開山の俊芿《しゆんじよう》を仏堂供養の導師として招いている。三浦一族の信仰は、基本的には顕密体制の仏教（顕密仏教）の中での信仰であったが、まだ異端だった新しい動向に応じた者もいた。三浦義村の子胤村は宝治合戦後に出家し、親鸞の弟子となって、明空を名乗ったと伝えられている。

この時代の権門寺院は、皇族や貴族出身の学僧（学問僧）らの階層と、もう少し低い身分の出身で寺内の雑事に当たる堂衆らの階層に大きく二分されており、堂衆はいわゆる僧兵として行動を起こすこともあった。学僧は朝廷から僧位や僧官を与えられて、座主・別当・長吏などと呼ばれる寺院の執行部に就任し、堂衆は集会《しゅうえ》を開いて、時には武力にも任せて執行部を突き上げた。寺院社会も俗世同様の身分社会だったのである。この身分社会を遁れるには、僧位・僧官や権門寺院の体制から離れ、遁世して遁世僧（聖・上人）となる必要があった。

三浦義村は子息箱熊丸を天台宗の門跡《もんぜき》青蓮院に入れている。九条家出身の天台座主良快に寵童として仕え、その後、出家して良賢を法名とした。実家の武力と財政力をもって、青蓮院の慈賢が六字河臨法《ろくじかりんほう》を修したときには郎従百余騎で警固に当たり、青蓮院門主が熾盛光堂を建立したときには透中門の造営を請け負っている。良賢は律師の僧官を得ており、鎌倉に下って幕府の法会にも参加した。

肖像画をめぐって

藤原隆信・信実父子らの名手が登場して、似絵《にせえ》と呼ばれる写実的な肖像画が発達した。禅宗寺院では師僧から弟子僧へ頂相《ちんぞう》という肖像画が贈られ、相承の証の一つとして崇拝されていた。位牌と肖像画を祀る禅宗の仏事の形式が貴族社会に広まると、十四世紀ごろには貴族の家の祭祀空間でも位牌と肖像画を用いる形の祖先祭祀が行われるようになった。現在でも冷泉家の祖先祭祀に使われている藤原俊成像や藤原定家像は、このころの作品であるといわれている（冷泉為人「冷泉家の御影」『冷泉家の至宝展』ＮＨＫ・ＮＨＫプロモーション、一九九七年）。

奈良国立博物館には鎌倉時代に描かれた「明空法師像」（滋賀県仏心寺旧蔵。重要文化財）という肖像画の優品が所蔵されている。明空はさきに触れたように三浦胤村と同一人物と見られている。

鎌倉時代の似絵の代表とされてきたのが、藤原隆信が描いたという神護寺の三像である。源頼朝・平重盛・藤原光能の肖像画であるといわれ、教科書でも源頼朝の図版として掲載されてきた。この三人に比定する根拠は『神護寺略記』という十四世紀前半に成立した史料である。しかし、美術史家の米倉迪夫氏によって、伝源頼朝像を足利直義《ただよし》像、伝平重盛像を足利尊氏像、伝藤原光能像を足利義詮《よしあきら》像とする説が提起された（『絵は語る４　源頼朝像』平凡社、一九九五年）。そうなると、成立年代も当然南北朝期に下ることになる。神護寺の文書の中に尊氏像と自身の像を奉納したとする直義の文書があり、作風の詳細な検討

図14　明空法師像（奈良国立博物館所蔵）

とこの文書を結びつけて導き出された結論であった。この説は、黒田日出男氏の強烈なバックアップもあって歴史研究者の間には支持する声も広まった。ところが、美術史の分野では辻惟雄氏・佐藤康宏氏・有賀祥隆氏・宮島新一氏らの大御所が異を唱え続けている。こうした学説状況を踏まえて、現在の歴史教科書では、いわゆる源頼朝像は、文化財指定名称でもある「伝源頼朝像」、あるいは「源頼朝と伝えられる肖像画」として掲載されており、足利直義説が有力であるとする教科書記述はまだ認められていない。

教科書にも載る著名な肖像画で像主に問題が出てきたものは頼朝像だけではない。北条時宗像とされてきた熊本県の満願寺蔵の肖像画は、近年では北条定宗像とする説が有力となっており、これには反論が出ていない（村井章介『北条時宗と蒙古襲来』ＮＨＫブックス、二〇〇一年）。そのため、歴史教科書では『一遍《いっぺん》聖《ひじり》絵《え》』の馬上の時宗像を用いるものが多くなってきた。なおも満願寺の肖像画を載せる教科書もあるが、その場合には「北条時宗と伝えられる肖像画」というキャプションが付けられている。

全国展開する三浦一族と社会変動

佐原系三浦氏と
三浦和田氏の時代

宝治合戦で三浦泰村・光村ら多くの三浦一族が自害して滅んだが、北条時頼の叔父に当たる佐原光盛・盛時・時連兄弟らは北条方に与して勲功を挙げ、有力御家人の家を存続させた。このうちの盛時の系統が三浦義明以来の三浦介の家を引き継ぎ、相模国衙にも影響力を持った。光盛の子孫は佐原氏の惣領として一族を束ね、時連の系統は朝幕関係に重要な働きをする。また、和田義盛の弟義茂の子孫である高井時茂は、和田合戦や宝治合戦に与せず、相模国南深沢郷・越後国奥山荘などの地頭として、三浦一族のもう一つの核となっていた。これがいわゆる三浦和田氏である。時茂の後は、中条の茂連（のちの中条氏）、北条の茂長（のちの黒川氏）、南条の義基の三系統に分かれ、一族内相論を繰り返し、一部は得宗被官化する。佐原系三浦氏や三浦和田氏の多くは鎌倉幕府滅亡後も、室町時代を生き抜き、盛時の子孫は相模守護の三浦氏として、光盛の子孫は陸奥国会津の葦名氏として、三浦和田氏は越後上杉氏の家臣として中世の終焉を迎えるのである。

御家人制と惣領制

身分制のなかの御家人

鎌倉時代末期につくられた法律用語集『沙汰未練書《さたみれんしょ》』は御家人を「往昔以来開発領主として武家の御下文《おんくだしぶみ》を賜る人の事なり〈開発領主とは根本私領なり。また本領とも云う〉」と定義し、「非御家人とは、その身侍たりといえども当役勤仕の地を知行せざる人の事なり」と記している。つまり「侍」と称される階層のうち、先祖が所領を開発してその領主として幕府から下文という文書の交付を受けているのが御家人であり、幕府の諸役が賦課される所領を知行していない（幕府から賦課を受けたことがない）のが非御家人であるというのである。

また、同書に「甲乙人とは、凡下《ぼんげ》・百姓等の事なり」とあることから、中世には「侍」

(御家人・非御家人)の下に「凡下・百姓」という身分があり、天皇―貴族(公家)―武士(武家・侍)―凡下・百姓―非人という「士農工商」の如き身分序列があったかのように説明されることもある(現在では、江戸時代の身分制度も武士と町人・百姓に大きく分けて説明される。「士農工商」は実態ではなく、儒学者が中国の古典をもとに付けた序列であると理解されている)。しかし、「侍」とは本来は貴族家に仕える、諸司の三等官(丞・允・尉)を経て、叙爵しても極位は五位に留まる家格の者を指す言葉であった。無官か、任官しても衛《え》門尉《もんのじょう》や兵衛尉《ひょうえのじょう》など六位相当の官職、位階も高くて五位止まりだった開発領主たちはこの家格に属していたので、多くの御家人たちは侍と称された。したがって、「侍」は武士的な性格を持つ持たないということには関係なかった。受領や諸司の長官を歴任して四位に昇ってきた清盛以前の平家や義朝らの源氏の家は侍ではなく、ひとつ上の諸大夫の家格であった。頼朝時代に源氏一門は国司になれたが、「侍」は国司(受領)になることが禁じられていた(『吾妻鏡《あずまかがみ》』承元三年五月十二日条)というのもこの諸大夫と侍の家格の違いに起因するものである。御家人社会における「侍」の称は、貴族社会の家格による身分指標をそのまま持ち込んだ他律的な表現であった。

三浦泰村は弟たちが左衛門尉等の武官に補任されるなかで、長く官職を得なかった。彼が最初に得た官職は掃部権助《かもんのごんのすけ》という京官である。その後、式部少丞を経て叙爵し、若狭守となる。その間、わずか三ヵ月。泰村にとって、掃部権助・式部少丞の官職は在任することに意義があったのではなく、通過することに意味があったと言っていいだろう。『官職秘抄』によれば、掃部助は六位の諸大夫が任じられた官職で、式部丞に任じられるための待ちポストであった。また、式部丞も「然るべきの諸大夫」が任じられる官職であった(『職原抄』)。つまり、泰村の任官は、彼が衛門尉・兵衛尉クラスの侍ではなく、諸大夫層に属することを貴族や他の御家人たちに示すものだったのである。寛元元年(一二四三)、幕府は侍層が式部丞や諸司助に任じられることを禁じる。鎌倉中期以降の御家人社会が、諸大夫層と侍層に分化していくことに注意しなくてはならない。

「凡下」の語については、貴族の日記でも、ある一定の身分を満たさない卑しさや不釣り合いを相対的に表現する慣用句として「頗る凡下なり」という言葉が用いられる。藤原道家が「初度惣処分状」(「九条家文書」)の中で自分の子孫でも摂政・関白の地位に就けない者に対して「凡庶に混じる」「凡庶人」と用いている「凡庶」とも近い言葉であった。「侍」層から見てそれより下の者を「凡下」と称したに過ぎず、もともとは「凡下」という絶対的な身分階層があったわけではなかったようであるが、次第に侍と区別される身分呼称として「凡下」が用いられることも多くなった。

また、「武家」の存在を踏まえて、貴族ら朝廷に仕える人を「公家」と表現するのは後世のことであり（小学館の『日本国語大辞典　第二版』が掲げる古い用例は十五世紀初めの『風姿花伝』である。中世前期までの「公家」は天皇や朝廷を指した）、それは質の違いに起因するものであるから、上下関係を示すものではないことにも注意が必要である。中世の身分制度は、天皇が個人に対して与える律令制的な位階とそれに相当する官職による絶対的な序列を基盤にして、その昇進ルート・速度が家の枠組みに規定されたことで形成された家格制と、ある身分・地位を有しているか否かという相対的な身分区別（たとえば殿上人《てんじょうびと》と地下《じげ》、侍と凡下、人と非人など）の複合の上に成り立っていた。

将軍と御家人は土地を媒介に御恩と奉公の関係からなる強固な主従関係を結んでいて、この封建的主従制が中世武家社会を支える基盤であったという説明もよく行われている。しかし、将軍（鎌倉殿）と御家人との関係は多様であり、将軍から所領支配を認める文書が発給されていない御家人も少なくなかった。特に西国御家人の場合は、内乱期に頼朝代官が交名（名簿）を鎌倉に送付しただけということもあった（『吾妻鏡』元暦元年九月十九日条）。幕府に全御家人の名簿があったわけではないようで、しばしば裁判の過程で御家人か否かが争点になり、当事者自らが安堵の下文や関東御公事の負担に対する守護の返抄（領収書）を証拠書類にして立証しているケースも見られる。平安時代の貴族社会では、家人になるために初参した時に、諱《いみな》（実名）の二文字を記した名簿《みょうぶ》を主人に提出するという臣従の儀礼を行った（『玉葉』治承四年十月二十八日条ほか）。しかし、頼朝と御家人との間でこのような臣従儀礼がとられた形跡はなく、貴族社会よりも主従関係は緩やかであった。また、荘園の預所に家人を任命することなどに見られる土地を媒介とした主従関係も、貴族社会では早くから成立していた。貴族社会のあり方を踏まえず、武家社会を分析対象にしただけでは中世社会の構造や特質を理解することはできないだろう。もちろん寺院社会や村落社会の構造も重要であることは言うまでもない。

御家人の「家」と惣領制

御家人クラスの「家」は、家長とその妻、男子・女子らによって構成され、家人たちに支えられて運営されていた。夫婦は夫方が提供した邸宅に住み、原則として親夫婦と息子夫婦が同居することはなかった。夫が複数の女性と同時に関係をもっていても、正妻は一人で、その地位は婚姻開始段階から決まっており、子どもが後継者（嫡子）になるか否かによって決定されたわけではなかった。夫の死後は、正妻が後家と呼ばれ、場合によってはその「家」を管理することになる。夫の死後、寡婦は亡夫の菩提を弔うのが望ましいとされ、再婚した場合には亡夫の遺産を相続できなかった。

所領は男女の諸子に差をつけつつ分割譲与されたが、「家」という組織体は嫡子によって継承され、それ以外の庶子は相続などによって所職を獲得して新たな「家」を興し、分立していった。女子は「家」の継承からは排除されたが、女子の財産相続は、婚家への流出を防ぐために彼女一代の間のみ所有を認める「一期分」化しつつも、持参財として中世後期まで残った。

御家人の「家」のなかには、童名を名乗る幼い子どもや後家を家長とする「家」も存在していた。子どもを家長とする「家」では、本来「家」を中継相続するはずの後家の姿が見えない。成人男子の家長がいなくとも、継承予定者がいれば、「家」は家人や親族に支えられて存続することが可能だった。一族所領の保全や相互扶助などを機能とする父系の一族や、母系親族・姻族を含む親類のネットワークが「家」を支えていた。一族は祖先祭祀や軍役、父祖跡所領に一括して賦課された公事《くじ》や年貢の配分を通じて緩やかな統轄・被統轄の関係にあり、親類は所領の女系伝領などによって公事や年貢の賦課の関係がなければ、原則的には「好《よしみ》」によって結びついた対等な関係であった。『蒙古襲来絵詞《もうこしゅうらいえことば》』の竹《たけ》崎季長《ざきすえなが》と姉婿《あねむこ》三井資長のように、姻族が軍事行動をともにしていることもあるが、これも「好」のひとつであった。

個々の御家人を掌握し切れていない幕府は、公事を賦課するための制度として、この「家」と親族関係を利用し、「某跡」という形で公事を賦課し、その「某跡」の惣領が「某跡」の所領を知行している者に対して公事を配分し、徴収に当たる制度をつくり上げた。この惣領が庶子を統率して幕府に公事や軍役を負担する制度が惣領制である（かつては、家長＝「惣領」が一族構成員＝「庶子」を統括する本家—分家関係的な中世武士の親族関係を惣領制と呼ぶこともあった）。

武士の支配と荘園

越後国奥山荘と三浦一族

和田氏が地頭となっていた越後国奥山荘（現在の新潟県胎内市）を中心に、鎌倉時代の荘園のあり方と武士とのかかわりを見ておこう。

奥山荘は『吾妻鏡』文治二年（一一八六）二月十二日条に「殿下御領」（摂政藤原基通領）と見え、建長五年（一二五三）の「近衛家所領目録」には「入道二位前大納言〈基良〉」の所領として高陽院領内越後国奥山荘が記されている。奥山荘は、近衛流摂関家の家領を形作る荘園群の内、藤原忠実の娘で鳥羽上皇の后であった高陽院藤原泰子に由来する高陽院領の一つで、近衛流の庶流である基良（基実の孫）が知行している荘園であった。さらに家人クラスの諸大夫・侍が預所（雑掌《ざつしょう》）として荘務を請け負い、実務を行っていた。

一方、治承・寿永の内乱では平家方についた越後城《じょう》氏の一門の中に「奥山」を称する者がいることから、平安時代末期の奥山荘は城氏の勢力下にあり、城氏を敗った源義仲の支配を経て、義仲追討後の新恩給与として和田義盛の弟茂実が地頭職を得たものと見られる。その後、本領である相模国南深沢郷とともに、宗実から養子の高井重茂（和田義茂の実子）に譲られた。重茂は和田合戦で義盛に与せずに北条方に立ち、無双の強力として知られた朝夷《あさひな》義秀と組み合って討ち取られた。重茂の死後は、その後家で、宗実の娘でもあ

系図6　三浦和田氏系図

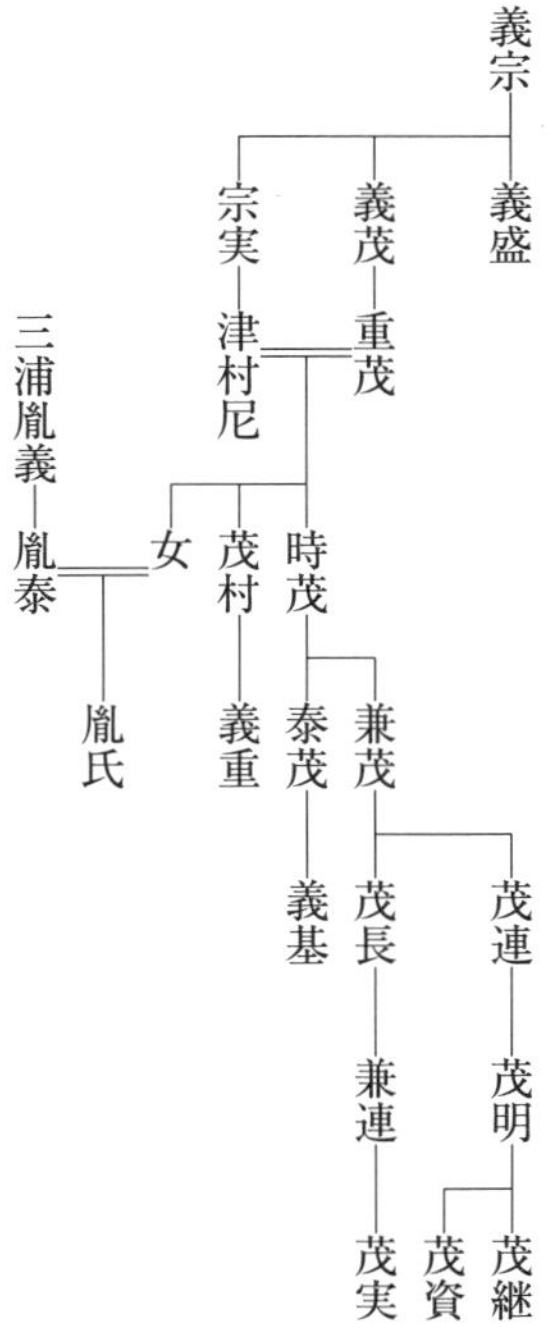

る津村尼が地頭職を管領した。重茂の遺児兄弟間の相続争いが解決した結果、三郎時茂が南深沢郷内津村屋敷と奥山荘政所条・黒河条を相続し、奥山荘高野条は津村尼から四郎茂村に譲られた。

時茂の子息は早世したが、三人の孫茂連・茂長・義基と二人の甥高野義重（茂村の子）・三浦胤氏（妹と三浦胤義男との間の子）を庇護し、建治三年（一二七七）、時茂は奥山荘を分割して、相模国の津村屋敷・甘縄の屋地や新恩地の出羽国常牧郷・讃岐国真野勅旨・阿波国勝浦山とともに彼らに分与した。三人の孫はそれぞれ幕府から安堵を受け、のちに中条・北条《きたじょう》（黒川）・南条（関沢）の三家に分かれていく。

時茂の死後、娘や婚出した一族の女性もかかわる親族内相論《そうろん》をくり返した。相論の中で、中条の和田茂連は偽文書を作成した咎《とが》で所領を没収された。その子息茂明の時に裁判を起こして返還されたが、茂明が北条時村暗殺事件の下手人だったことで再び所領を没収されてしまう。没収後はその地は得宗領になっていたようで、北条貞時の孫規時が知行した。茂連の後家尼は自身が相続した分を取り戻すために北条得宗家の規時を相手取って裁判を起こし、なんとか和解に持ち込んでいる。

地頭が置かれた荘園では、荘園領主方と地頭との間で現地支配や年貢の納入方法などをめぐる争いがしばしば起こった。その場合には幕府法廷に相論が持ち込まれたり、幕府の斡旋や当事者同士の交渉で下地中分（土地を半分に分け、それぞれの支配領域を確定させる）や地頭請《じとううけ》（年貢の納入を保障した上で現地支配は地頭に委ねる）という方法で解決が図られ、幕府もそれを追認した。ただし、双方ともさらに自己の権利の獲得や回復を主張したために、何度も相論に及ぶケースがあった。

奥山荘の場合も例外ではなく、仁治元年（一二四〇）に預所と地頭との間で地頭請の和与（和解）が成立したが、預所が交替した寛元二年（一二四四）・嘉元二年（一三〇四）にも相論がくり返されている。たとえば、嘉元の相論では、荘園領主方がこの荘園は「領家進止の地なり。しかるを地頭請所と号し、預所の入部を打ち止む」と地頭方の非法を訴え、地頭請ではなく下地中分を求めたのに対し、地頭方は「先例に任せ、地頭請所として子々孫々に至るまで相違あるべからざるの由」が仁治・寛元の幕府の裁許に明らかであると証拠文書を提出した。それを受けて幕府は荘園領主方の「濫訴」であるとして、地頭請所であることを再確認した上で、地頭に年貢の納入を命じている。

対荘園領主の裁判において、幕府法廷は御家人に甘かったのではないか、幕府や御家人は朝廷や荘園領主の既得権を次々と奪ったのだろうという先入観で見てしまいがちだが、幕府の命令や裁判の判決文書を見ると、朝廷や荘園領主との無用な衝突や軋轢《あつれき》を避けたい幕府は、むしろ荘園領主側の主張を最大限尊重しようとしている。

二枚の荘園絵図を読む

奥山荘については鎌倉時代後期の荘園の様子を描いた二枚の絵図が残されており、数社の歴史教科書にも掲載されている。その一つである「波月条絵図」には、川を隔てて所在する中条地頭「茂連の屋敷」、北条地頭「四郎茂長の家」が画面の中央に立派な建物として描かれ、地頭の家の近くにはそれぞれ「七日市」「高野市」と名付けられた所に二列の建物群が道に沿うかのように軒を連ねている。さらに周辺には、荘内の年貢徴収の単位でもある名の名主の家や職人（「鋳物師《いもじ》」）の家などが散在しているという中世荘園の景観の一端が窺われる。中世の市場は領主権力から独立していたという説もあるが、この絵図を見ると、地頭の領主支配を排除していたとは思えない立地である。

もう一点は、奥山荘と北隣の国衙領荒河保との間の境相論が和与した際に作成され、幕府がそれを認定したことを示す和与絵図である。

東を上とする絵図中央には「和与境」の文字と朱線が書き込まれ、その左右にはこれを証明する執権北条貞時と連署北条宣時の花押が据えられている。

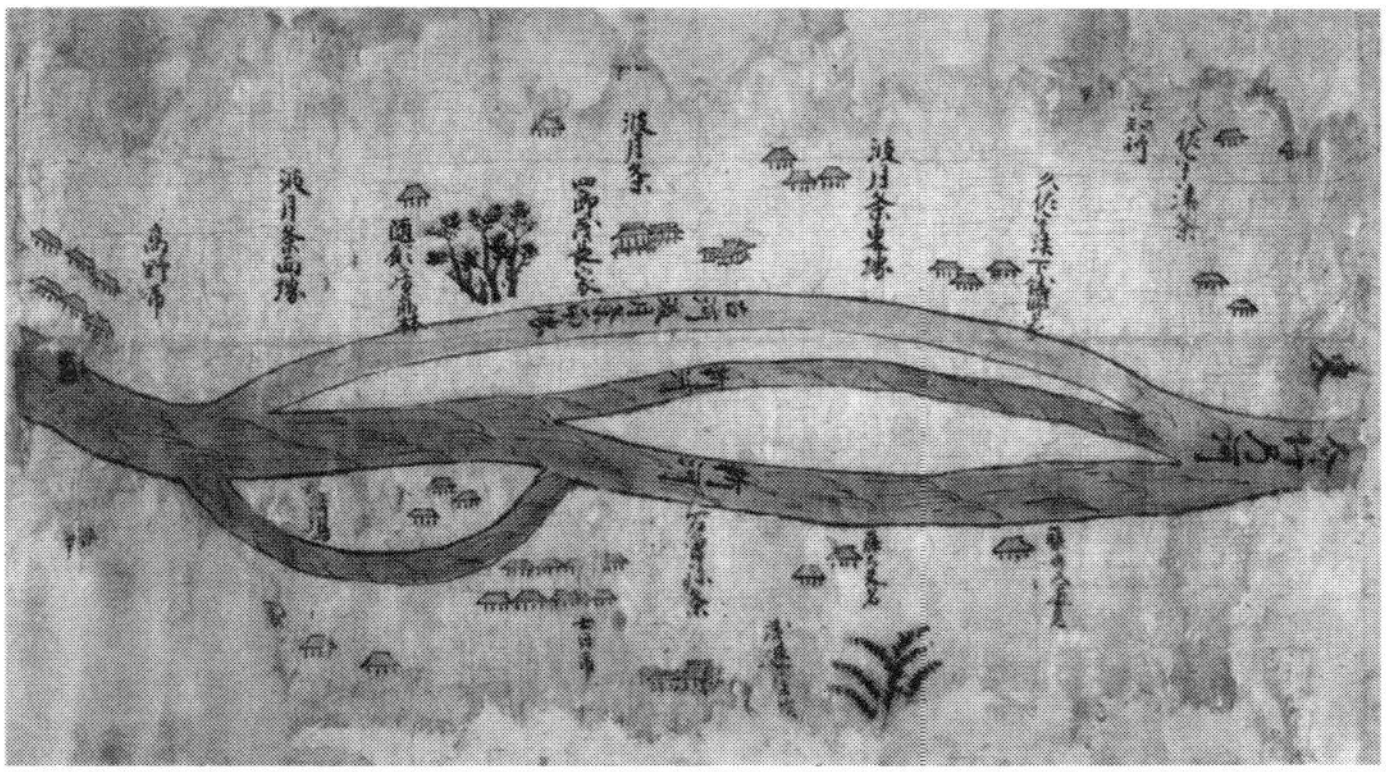

図15　「越後国奥山荘波月条絵図」（胎内市役所所蔵）

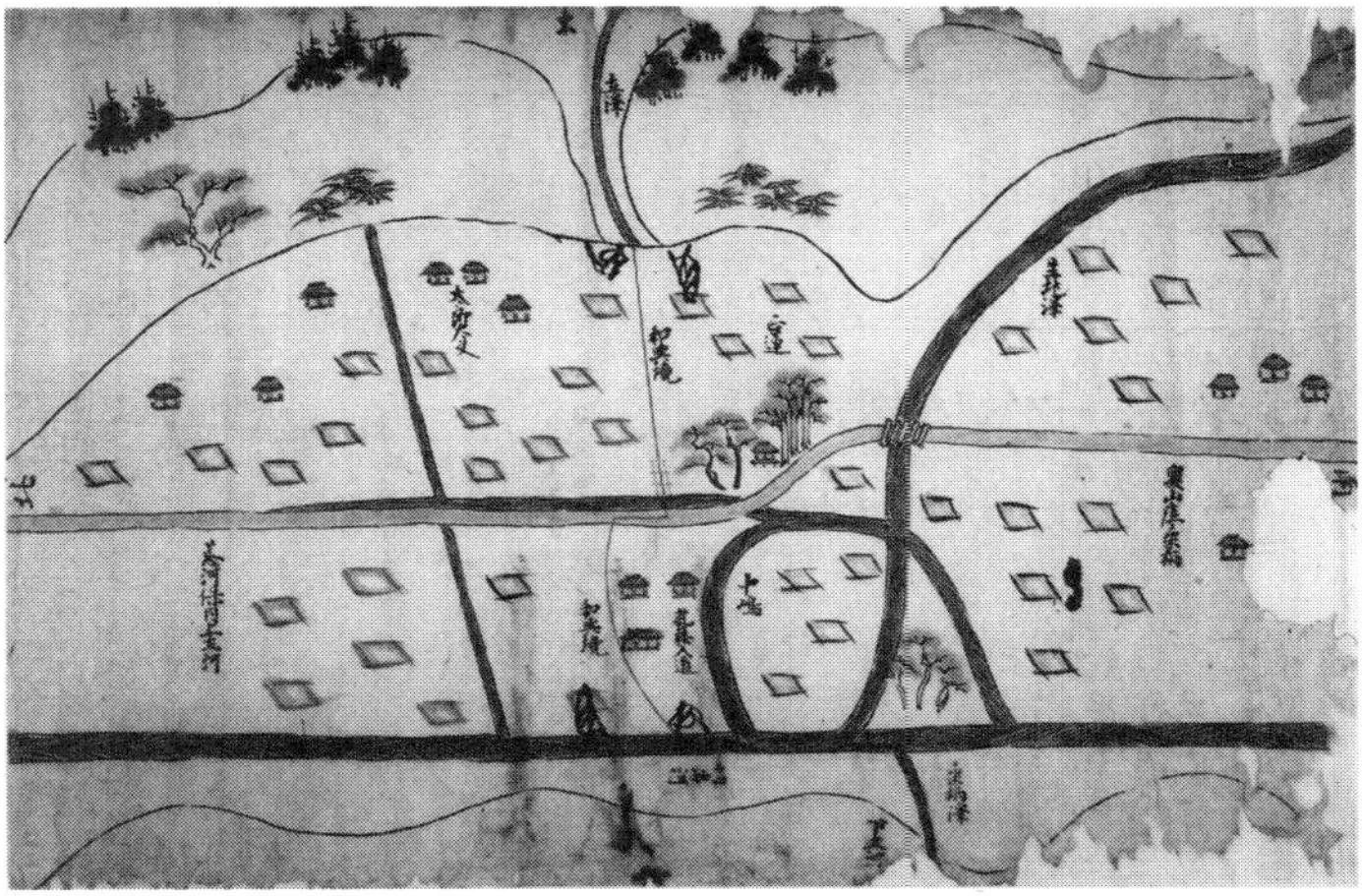

図16　「越後国荒河保奥山荘和与絵図」（新潟県立歴史博物館所蔵）

絵図は、南側の「奥山庄桑柄」（現、胎内市鍬江）と北側の「荒河保内上土河」（現、関川村大字上土沢）との境をめぐって作成されたもので、紙背《しはい》にも直接争って和与に至った「桑柄地頭代田使有基」「上土河地頭藤原忠基」の署判がある。さらに「保司弾正忠職直」の署判があるのは、国衙から派遣されている保司（荒河保の役人）が、両地頭の和与を保証したことを意味する。

絵図の構図から見て、相論の論点となっているのは、貞時・宣時の花押が二ヵ所据えられている中間部分、つまり、絵図の東側の山から流れている「土沢」の流れが南北の細い川（用水）に流れ込む所から、絵図の西側を南北に流れる「切出河」までの水田地帯における境をどこに設定するかである。中でも特に問題とされているのが、和与境が不自然に北に折れている部分、すなわち「記藤入道」の屋敷がどちらに帰属するかという点であった。和与の結果、「記藤入道」の屋敷は奥山荘桑柄方に属することとなった。もう一つ、絵図中央に目印となるように描かれている、林に囲まれた堂のような建物も桑柄方に属するものとして描かれている。これらの点から、奥山荘方の主張を取り入れる形で和与が成立し、絵図が作成されたことが推測される。

この絵図では、左端から右端までを着色した太い線で貫き、画面を中央で上下に分ける道の存在も重要である。川と交わる奥山荘側の地点には、簡素ながら橋も架けられている。この地域を南北に走る基幹道路だったのだろう。

相模国と駿河国をつなぐ東海道の要衝足柄峠の維持管理がその地域の五人の地頭御家人に命じられた例（『吾妻鏡』建久三年十一月二十日条）を勘案すると、この道路も奥山荘の和田氏や荒河保の河村氏など、この地域の地頭の協力で維持されたものと見られる。道路の維持や橋の設置、駅家の管理に国衙が大きく関与していたことも多くの史料が物語っている。

二点の絵図には描かれていないが、仁治の和与状には「大津問《とい》」という存在が見える。奥山荘内の日本海に面した地に年貢を積み出すための港湾施設があったと考えていいだろう。佐原義連・盛連と伝領された遠江国笠原荘にも遠州灘に注ぐ菊川河口に「南浦」という港湾施設があり、津料の徴収権をめぐる争いが行われていた（「中山文書」）。中世における物資輸送は水運が主流であり、日本海運輸、太平洋運輸ともに大きく発展した。

紀伊国南部荘と三浦一族

南部荘《みなべ》は、紀伊国のほぼ中央、紀伊水道に臨む沿岸にあり、熊野社への参詣道が通る要衝であった。鳥羽天皇の皇女五辻斎院《いつつじのさいいん》頌子《しょうし》内親王から、高野山蓮華乗院に寄進された荘園で、南隣の田辺を拠点とする熊野別当家が下司職を有していた。承久の乱で熊野別当快実が後鳥羽上皇方に与したために没収され、下司職に代わる新補地頭には佐原家連が補任《ぶにん》された。承久三年（一二二一）八月には地頭の存在が確認できるから、承久の乱直後に任命されたものと見られる（「高野山文書」・『高野春秋編年輯録』）。この荘園が没収後も引き続き高野山領荘園であることは、後高倉院宣《いんぜん》によって確認されていた。

それまで下司や地頭が置かれていない謀反人跡の荘園などには新補地頭が補され、十一分の一の給田畠や段別五升の加徴米、山野河海得分の二分の一などの新補率法が適用されたが、下司や地頭が置かれていた場合には、その旧例を引き継ぐことになっていた。承久の乱以前、南部荘の下司は蓮華乗院の供燈料を納めており、六波羅探題《ろくはらたんだい》は先例に従って納めるように地頭に命じている。また、下司は年貢米を領主の許に送ってきたが、新たに地頭となった家連は、年貢の数量が不明であるとして、納入を怠った。そこで、蓮華乗院は年貢米百石に領家の得分を加えた八百石の納入と修理の際の檜皮《ひわだ》・材木役の勤仕を幕府に訴え、家連と裁判になった。承久三年十二月、家連に納入が命じられたが、その後も納入額をめぐって争いが続き、最終的には貞応元年（一二二二）九月に、本家の五辻斎院に四百石、領家の蓮華乗院に百石を納入することで相論は決着した。

その後、貞応二年までに家連は紀伊国守護となり、守護と南部荘地頭という二つの顔で、紀伊国の巨大勢力高野山に相対することになった。紀伊の国衙は紀ノ川河口の府中（現、和歌山市）にあったが、事実上の守護所は南部荘に置かれたのではないかと見る説もある（海津一朗「鎌倉御家人三浦氏の西国支配と紀伊南部荘」『三浦一族研究』一五、二〇一一年）。

佐原氏の地頭時代、仁治元年・同二年・寛元二年・同三年に検注が行われていて、特に仁治元年・同二年の検地は全荘規模の検地帳が残されている。南部荘は地頭請所となっていたから、本来ならば荘園領主側の検注使が毎年のように検注を行うことはできなかったはずであるが、検地帳が荘園領主の高野山に残っていること、紙背文書の内容が荘園領主に出された文書であると見られることなどからすると、荘園領主側によって行われた検注であると考えざるを得ない。この時期は旱魃《かんばつ》や大雨・洪水などの自然災害が多く、損免を確認する検注が例外的に行われたのかもしれない。

その検地帳によれば、南部荘には本荘・山内・新荘・吉田・東大野・上城方・山田方・愛洲《あいす》方などの地域があり、百三十五町余りある耕地は、神田・寺田と定田に分けられ、さらに定田には、領主が経営する佃《つくだ》・御正作《ごしょうさく》と百姓が経営する官物田があった。検地帳における表記の仕方から、南部荘に条里型地割があったこともわかる。田地は条里型地割をもつ平野部に、畠地はその周辺の山際・自然堤防上にあった。また、自然堤防上には「垣内《かいと》」と呼ばれる在地有力者の拠点施設も存在した。

検注帳の紙背文書には、南部荘百姓から領主への訴えが記されており、京都と南部を往復する百姓の姿や、木炭を積んで南部を出て行く船の存在、朝廷や荘園領主のための祈りを日々捧げるためという意識で百姓たちが用途の負担に応えていたこと、その貢納物には海草・綿布・材木などがあったことがわかる。

紀伊国阿弖川《あてがわの》荘の百姓の一方的な訴えである高野山文書の「カタカナ言上状」の「耳を切り、鼻をそぎ」を文字通り受け止めて、百姓を地頭からの呵責に耐えるのみの存在と認識するのは、あまりに一面的すぎる。「高野山文書」や「東寺百合《ひゃくごう》文書」には、あの手この手を駆使して損免要求を行ったり、場合によっては荘園領主側と結んで地頭を停廃に追い込もうとする、したたかな百姓の姿も残されている。

宝治合戦で佐原家連《いえつら》の子光連が滅ぶと、高野山側は地頭の停廃を訴えたが、地頭職が止められることはなく、替わって二階堂氏が南部荘地頭となり、十四世紀には北条氏一門の名越《なごえ》氏が地頭となった。

鎌倉後期の政治と外交

蒙古襲来

文永十一年（一二七四）十月、元軍はモンゴル兵二万五千、高麗兵八千に非戦闘員六千七百人が乗った九百余艘の軍船で対馬・壱岐《いき》等を襲い、博多湾に上陸した。少弐景資《しょうにかげすけ》率いる日本側は奮戦したが、大宰府《だざいふ》辺りまで撤退を余儀なくされ、博多・箱崎は焼き払われた。ところが翌朝になると元の軍船は皆沖合に戻っており、一艘が志賀島《しかのしま》で座礁しているだけだったという。いわゆる文永《ぶんえい》の役《えき》である。日本にとっては初めて体験すると言っていいほど大規模な国内における対外戦争であった。かつては、この文永の役でも暴風雨があって、元軍は壊滅したとされていたが、近年では予定の撤退であったとする説や、博多湾ではなく、玄界灘に出てから暴風に遭遇したとする説もある。

最近、この文永の役と弘安四年（一二八一）の弘安の役をあわせた「元寇《げんこう》」を、「モンゴル戦争」と呼ぶ研究者がいる。「地名（国名）＋戦争」の地名は戦争が起きた場所を指すという慣例的な戦争の命名法（たとえば「クリミア戦争」など）からすると、「モンゴル戦争」ではモンゴルで起きた戦争になってしまうので、歴史用語として不適切である。一二七一年に「大元」の国号を称しているわけであるから、一定の価値観がともなうとか差別的だという理由を掲げて「元寇」や「蒙古」の語を避けたいならば、単に「日元戦争」と呼べばいい。

蒙古が兵を進めたのは日本のみではなかった。高麗を始め、ベトナム・ビルマ・サハリンにも侵攻は及んだ。特に一二三一年からたびたびの侵略を受けた高麗では、国王高宗を擁した崔氏の武臣政権が江華島に遷都しながら徹底抗戦したが、その政権が倒れると、高麗はついに蒙古に服属した（一二五九年）。その後、武臣政権そのものが崩壊すると、その軍隊であった三別抄《さんべつしょう》が蒙古への抗戦を呼びかけて大規模な叛乱を起こし、一二七一年には日本にも救援を求めた形跡がある。その三別抄が壊滅した翌年、日本遠征は始まった。

文永十一年と弘安四年の二度の蒙古襲来の様子を描く貴重な資料が『蒙古襲来絵詞』である。肥後国の御家人竹崎季長の勲功と恩賞獲得のために鎌倉へ出訴する姿が描かれている。文永の役の後、苦心して鎌倉に赴いた季長は、恩沢奉行であった安達泰盛邸を訪れた。「秋田城介殿侍諸人出仕の体」と題された場面には、侍廊の殿上に四人の人物、地下に三人の人物を描いているが、その中で唯一人名が付されているのが「あしなのはんくわん」（葦名判官）である。「葦名」の称と、続群書類従《ぞくぐんしょるいじゅう》所収「三浦系図」に検非違使であったことを示す記述があることから、佐原光盛の孫盛宗に比定されている。客の来訪を取り次ぐ家人が「あしなのはんくわん」に語りかけている様子から見ても、この「あしなのはんくわん」が泰盛への申次《もうしつぎ》役だったのだろう。

蒙古襲来が予想されていた文永九年ごろから、九州に所領を持つ御家人には異国警固番役が課せられていた（日本中の御家人が動員されたのではない）。三浦一族の中では三浦頼盛が豊後《ぶんご》国高田荘の地頭だったことが「豊後国図田帳」から確認できるので、彼にはこの役が課せられ、おそらくは代官が番役を勤めていたと推測される。

蒙古襲来の際、逆風が吹いたと伝え聞いた京都の貴族は、これを祈禱・奉幣《ほうへい》によってもたらされた「神明の御加被《かび》」であると認識し（『勘仲記』文永十一年十一月六日条）、香椎《かしい》・筥崎・高良《こうら》社などの九州の神々が異国の神と戦ったのだという言説も生まれた（『花園天皇日記』正和三年閏三月十九日条など）。幕府は徳政の一環として、祈禱に尽力した九州の

寺社が実質的支配を失った所領をその寺社に戻す神領興行法を発令し、朝廷の新制でも寺社領の興行が図られた。

蒙古襲来という対外戦争は、大きな動揺と物心両面の負担を御家人たちとその社会に与えたが、それのみならず、幕府崩壊につながる大きな社会変動の引き金にもなっていた。西国において幕府の支配が及ぶ土地は地頭が置かれている地（武家領）のみに限られており、幕府や六波羅探題は地頭が置かれていない地（本所《ほんじょ》一円《いちえん》地《ち》）には関与しないのが原則であった。朝廷の警固の役を期待された源頼朝家の家政機関から出発し、次第に統治機構としての機

図17　『蒙古襲来絵詞』(三の丸尚蔵館所蔵)

能を整えてきた幕府ではあったが、幕府が直接関与し得たのは武家領と御家人という限られた地域と人々のみであったから、機能不全を起こさずに済んでいたとも言える。ところが、蒙古からの接触がすでに始まっていた文永七年、幕府は本所一円の荘園で起きた闘諍事件についても、本所の許可を受ければ介入することを認める法令を出し(「新編追加」)、さらに文永十一年の蒙古襲来直後には、西国守護に対して、国中の地頭御家人のみならず、本所領家一円地の住人(非御家人)までも動員して防戦に当たることを命じた(「東寺《とうじ》百合文書《ひゃくごうもんじょ》」)。これまでなかった本所一円地住人への軍役賦課であり、従前の支配の枠組みを大きく超えた施策であった。これによって幕府は本所一円地とその住人に対しても責任を果たさざるを得なくなる。幕府自らが課した過度の負荷によって、幕府が機能不全を起こすのは必然的なことだった。

霜月騒動と得宗専制

北条時頼の死後、若い執権時宗を擁する不安定な政権にとって、最も危険人物だったのが将軍宗尊《むねたか》親王であった。東下からすでに十年以上が経っており、親王の周辺には親将軍派も形成されていた。これまで反得宗勢力が将軍と結びついた例もあったから、幕府にとっては惟康王への代替わりと宗尊の処遇が課題となっていた。文永三年、宗尊の父である後嵯峨上皇との交渉をうけて、北条時宗・同政村・同実時・安達泰盛の四人のみによる「深秘《じんぴ》の沙汰」で宗尊の帰京と妻子の鎌倉残留が決まった。文永五年、時宗は十八歳になると、評定《ひょうじょう》に出仕するようになり、名実ともに第一位の執権となった。

このころから蒙古の国書がもたらされるようになった。公式の外交は国王の所管であったから、幕府は国書を後嵯峨上皇に上奏した。文永六年の国書のときには、朝廷は返牒を準備したが、幕府が先例を盾に反対し、文永八年の牒状は無視すれば開戦必至を伝えるものだったが、やはり無視する態度を変えなかった。幕府首脳はこうした外患から目を背けるかのように、内憂に猜疑心の目を向けていく。

文永九年二月、名越時章邸で、時章と弟教時らが殺され、将軍近臣の公家が拘束された。四日後、京都では六波羅探題であった時宗弟の時輔がもう一人の六波羅探題北条義宗によって殺された。二月騒動と呼ばれている事件である。教時を討った者には恩賞がなく、時章を討った五人の得宗被官はかえって首をはねられたと言うし、数年後でも京都では時輔生存説が広まっているという不思議な事件である。のちに北条顕時は「名越尾張入道・遠江守兄弟、ともに非分に誅せられ候いおわんぬ」（「賜蘆《しろ》文庫文書」）と述べているから、疑心暗鬼となった一部急進派が暴走した事件だったのかもしれない。

三度目の蒙古襲来への不安を持ったまま、弘安七年、時宗が三十四歳で没し、子息貞時が十四歳で執権に就任した。時宗の死から半年の間に、六波羅探題北条時国をはじめ北条一門が次々と粛清された。政権にとって不安の芽は次々と摘まれていったのである。幕府政治は貞時の外戚安達泰盛によって主導された。五月に「新御式目」と称する三十八箇条の施政方針を出したのを手始めに、画期的な政策を打ち出した。この泰盛政権下での政治は「弘安徳政」と呼ばれている。「新御式目」の前半は権力者として心得る項目が書き上げられている。この「新御式目」には「御行始」についても記されているから、将軍惟康王の心得るべきことと見るのが自然だろう。実力の程はともかく、幕府において「徳政」が求められる主体はやはり鎌倉殿（将軍）をおいてほかにいない。ただし、将軍を再び実質的な最高権力者にしようとしたというわけではない。権威としての鎌倉殿のもとで、執権以下の有力御家人が政治を主導する泰時時代からの、あるべき政務の形を再確認しようとしたものだろう。

しかし、わずか一年余りで、泰盛とその一族は討たれ、しかも引付衆《ひきつけしゅう》の二階堂行景や少弐景泰、三浦頼盛や天野・伊賀・小笠原・小早川などの御家人も与党として自害した（霜月騒動《しもつきそうどう》）。その後、政治の主導権はいったん北条得宗の内管領平頼綱に握られ、永仁元年（一二九三）二十三歳になった貞時によって、今度は頼綱が討たれる（平禅門の乱《へいぜんもんのらん》）。貞時は正安三年（一三〇一）に出家し、執権の地位を従兄弟の師時に譲ったが、その後も実権を持ち続けた。貞時の死から五年後に子息高時が成人して執権に就任するまで、両執権に北条嫡流家の人物は就任せず、数世代前に分かれた時房系、政村系、重時系などから執権についた。執権とは分離した北条嫡流家家督が強大な権力を行使する政治形態は得宗専制政治と呼ばれている。高時が幼いときには、得宗家の家政を統轄する内管領長崎高綱らが実質的には政治を主導し、高時成人後も内管領が大きな影響力を持った。

嘉元三年（一三〇五）、大地震や貞時亭焼失という不穏な空気の中で、北条氏一門の宗方が連署の時村を殺す事件が起きた（嘉元の乱）。宗方は程なくして討たれたが、時村殺害の実行犯十二人の中に、越後和田氏の和田茂明がいた。しかも中心人物であったらしい。茂明は御家人身分を持ちながらも、北条氏の御内人《みうちびと》となっていた。茂明のもとの名は「茂貞」であった。改名は北条得宗家の被官化するときに、貞時の「貞」の字を避けたためだろう。その時期は永仁四年末から正安三年までの間である。事件直後、茂明の身柄は三浦介時明に預けられたものの、ただ一人逃げ出して行方をくらました。その所領は没収され、子息茂継も出仕を止められた。

朝廷の分裂

鎌倉時代後期の朝廷では、後深草天皇の皇統（持明院統）と亀山天皇の皇統（大覚寺統）が、それぞれ皇位継承と皇室領荘園の相続の正統性を主張し、貴族の家の相続をめぐる争いとも結びついて競い合っていた。幕府は両者を仲介し、約十年ごとに交互に皇位につき、父院が院政を執るというルールができていた。持明院統の後伏見天皇、大覚寺統の後二条天皇、持明院統の花園天皇が相次いで践祚し、花園天皇の春宮《とうぐう》には大覚寺統の尊治《たかはる》親王（のちの後醍醐天皇）が立てられた。文保元年（一三一七）幕府の使者は「両御流の皇統断絶すべからざるの上は、御和談有りて、使節の往返を止めらるべし」、すなわち両統が断絶しないように相談して皇位継承を決め、鎌倉に働きかける使者の行き来はやめて欲しいと申し入れ、和談のない現時点での譲位は認めない旨を述べた。面倒なことには極力かかわりたくないという幕府の基本姿勢をはっきり宣言したとも言える。

幕府の考えに不満の意を示した大覚寺統の後宇多法皇に対して、幕府は和談が成立しなければ、尊治が践祚し、同じ大覚寺統の邦良（後二条天皇の皇子）を春宮に立てればいいという内意を伝えた（『花園天皇日記』元亨元年十月十三日条）。この時の和談は成立しなかったが、院政を行っていた伏見上皇が亡くなると、大覚寺統の皇位交替要求は高まり、文保二年二月幕府の申し入れにより後醍醐天皇の践祚と邦良の立太子が実現した。これによって後宇多院政が開始されたが、三年後に後宇多法皇は子息の後醍醐天皇に「治天の君」の地位を譲り、朝廷は後醍醐天皇による親政の形をとることになった。

鎌倉倒幕から南北朝の内乱へ

九州には鎮西探題《ちんぜい》が置かれ、中国地方にも防備の体制がしかれて、三度目の蒙古襲来に備える態勢が続く一方、陸奥国の津軽地方では安藤氏の内紛が数度に及ぶ大規模な「蝦夷合戦」に発展し、鎌倉から追討軍が派遣される事態になった（『保暦間記』元亨二年春条）。列島を縦断するような人や物の移動は、流通や運輸の活性化と進化をもたらせたが、同時に幕府領・本所一円地などの支配や統治の枠組みを超える存在（幕府や荘園領主からは「悪党」と呼ばれた）を生み出し、幕府崩壊をもたらせる一因となった。

後醍醐天皇の討幕運動

鎌倉時代の天皇は学問好きで、漢籍に対する造詣も深く、その中で後醍醐天皇の革命思想も養われた。後醍醐天皇は践祚間もないころから「辛酉革命」説に基づく、倒幕の意志を持っていたようである（村井章介『中世の国家と在地社会』校倉書房、二〇〇五年）。正中元年（一三二四）、後宇多法皇の死後程なくして、藤原（日野）資朝・俊基による倒幕計画が露見（正中《しょうちゅう》の変《へん》）したが、その背後にいたと見られた後醍醐天皇は不問に付された。正中三年ごろから、朝廷では後醍醐天皇の中宮の御産のための祈禱が断続的に行われたが、その実は関東調伏《ちょうぶく》の祈禱であったという（百瀬今朝雄『弘安書札礼の研究』東京大学出版会、二〇〇〇年）。

この年、春宮邦良が亡くなり、替わって持明院統の皇子が春宮となった。践祚から十三年経ち、いつ交替を勧告されてもおかしくなかった後醍醐天皇は元徳三年（一三三一）再び倒幕を計画したが、密告によって発覚して側近が捕らえられた。後醍醐天皇が遂に実力行使に及び、神器を持って笠置《かさぎ》山に逃れ籠城すると、幕府は持明院統の春宮に践祚を求めて光厳《こうごん》天皇として立てるとともに、大軍を送って笠置を攻めた。捕らえられた後醍醐天皇や皇子たちは翌年隠岐や讃岐などに遷された。

翌正慶元年（一三三二）、後醍醐天皇の皇子尊雲法親王は諸国に挙兵を呼びかけ、自らも還俗《げんぞく》して護良《もりよし》と名を改め、吉野で挙兵した。翌年にかけて、河内の楠《くすの》木《き》正成《まさしげ》や播磨の赤松円心がこれに応えて挙兵し、正慶二年二月には後醍醐天皇が隠岐を脱出した。護良の令旨《りょうじ》には「伊豆国在庁北条遠江《とおとうみ》前司時政の子孫の東夷等、承久以来、四海を掌に採り、朝家を蔑如し奉るのところ、頃年《けいねん》の間、殊に高時相模入道の一族、ただに武略の芸業をもって朝威を軽ろんずるのみならず、あまつさえ当今皇帝を隠州に左遷し奉る。宸襟《しんきん》を悩ませ、国を乱すの条、下剋上の至り、甚だ奇怪」（「大山寺文書《だいせんじもんじょ》」）とあるから、実は承久の乱の時の後鳥羽上皇と同じく、多くの御家人を擁する鎌倉幕府を倒そうというのではなく、北条氏のみの排除を掲げていることは注目できよう。護良らにとって、鎌倉御家人は敵ではなく、頼りにしたい武力であった。

「三浦和田」氏の成立

護良の令旨は元弘三年（一三三三）正月に越後国の和田氏のもとにももたらされた。本文は「今度の忠功殊にもって神妙の条、まず本領においては悉《ことごと》く知行せしむべし。恩賞に至っては追って御沙汰有るべきの由、二品親王の令旨により執達件《くだん》の如し」となっていて、宛所には「三浦和田三郎殿」とある。「今度の忠功」とはあるが、鎌倉にいたと見られる和田茂継が必ずしも挙兵に同調した行動をとったわけではなく、いち早く本領を安堵し新恩を約束する文書を発給して懐柔しようとする護良方の策略だったのであろう。

その数日後には鎌倉方も和田氏に文書を出している。本文は「出仕の事、聞こし召されおわんぬ。本領においては返し給うところなり、てえれば、仰せにより執達件の如し」で、宛所はやはり「三浦和田三郎殿」になっている（「中条家文書」）。幕府から出仕の許可と本領の返付が行われているのは、茂継の父茂明の代に所領を没収され、出仕を止められていたからであった。護良側の工作に対して、幕府も何とか茂継を幕府側に付かせようと画策したのである。実は、これらの文書は「三浦和田」の称の初見史料でもある。これまで「和田」を称してきた人々に「三浦」を冠して呼びかけることで、源頼朝に「忠」を尽くした伝説的な存在、三浦義明の子孫であることを意識させ、北条と並び立っていた雄族三浦氏の記憶を喚起させる効果をねらったのであろう。その八ヵ月後に後醍醐政権に安堵を願った三浦和田章連申状案以降は、和田氏側も「三浦和田」を自称するようになる。

また、この二通の文書では、護良の令旨が「元弘三年」の年号を使っているのに対して、幕府が出した関東御教書は「正慶二年」の年号を用いている。正慶は幕府が擁立した光厳天皇が定めた年号であるのに対し、元弘はその前の後醍醐天皇時代に制定された年号である。後醍醐天皇の在位の正当性を主張する護良は、光厳天皇の存在と正慶の年号を否定し、元弘の年号を用い続けている。両者の立場の違いが年号表記の違いとなって表れているのである。

奥山荘北条の和田茂実に対しては、いち早く幕府滅亡後の元弘三年八月に後醍醐天皇綸《りん》旨《じ》が出されて所領安堵が行われていて、茂実が後醍醐天皇・護良親王側に立ったのが明らかなのに対して、茂継が安堵を受けるのは建武二年（一三三五）六月になってからである。茂継は態度を明らかにしなかったか、幕府側に近い行動をとったのだろう。

内乱のなかの三浦一族

正慶二年五月、足利尊氏に攻められた六波羅が陥ち、後醍醐天皇は光厳天皇と正慶の年号を廃して重祚《ちょうそ》した。現在、多くの書籍が年表・天皇系図などで後醍醐天皇から後亀山天皇までの南朝天皇を正統とし、光厳天皇から後円融天皇までの北朝天皇を別に扱うのは、二十世紀の初めに南北朝正閏《せいじゅん》問題が起きた時、桂太郎内閣が南朝を正統とした結果であり、現在の『皇統譜』が南朝天皇を正統として扱っているからである。室町時代につくられた年代記などでは、実態に即して北朝天皇を天皇として認め、後醍醐天皇は重祚したものとして扱っている。

新田義貞に攻められた鎌倉では、北条高時以下が自害して幕府は崩壊し、将軍守邦親王は出家して間もなく亡くなった。しかし、他の御家人同様、三浦一族は北条高時とともに滅びることなく、新政権のもとで権利を保障され、また新しい権利を獲得して、相模・越

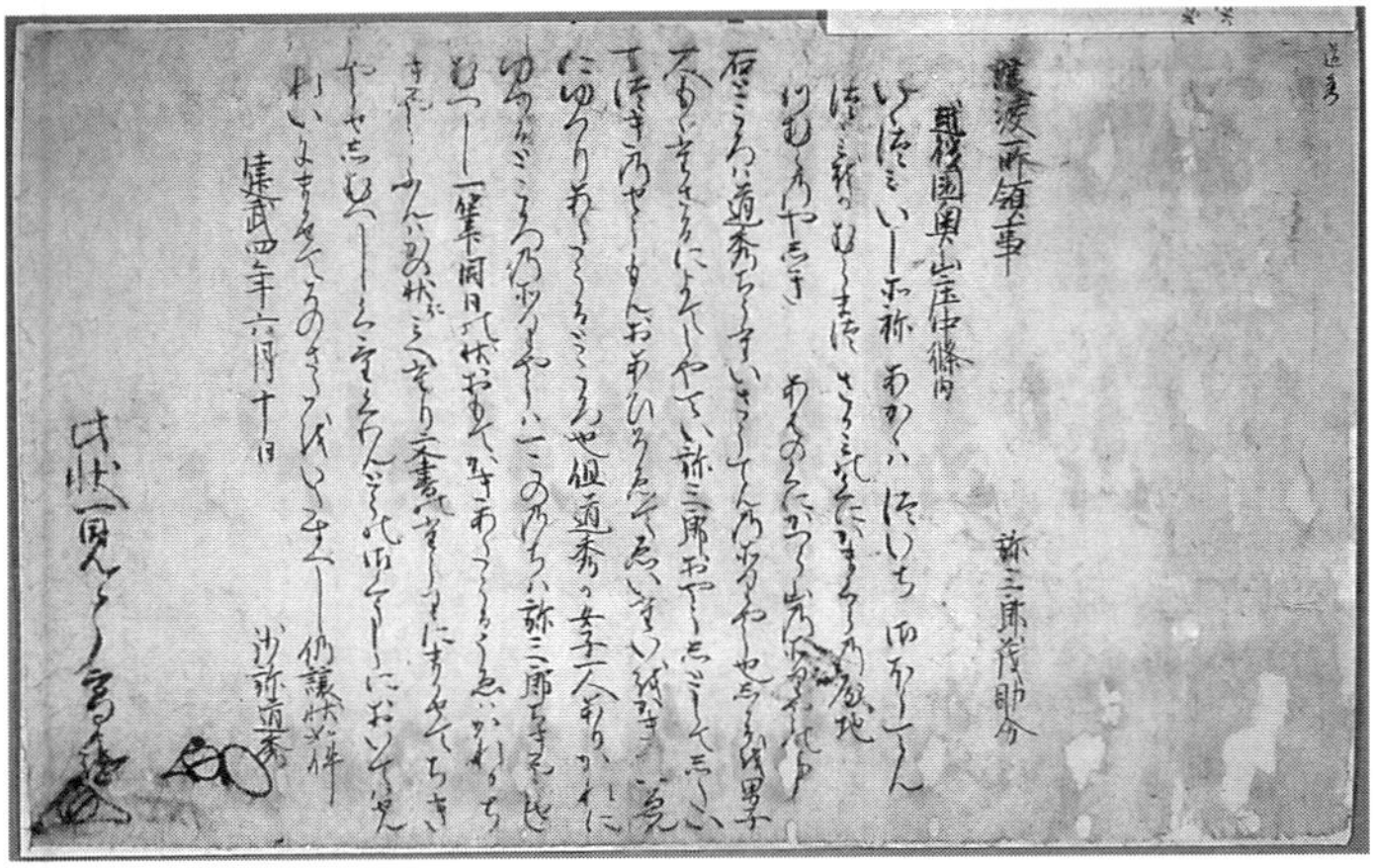

図18　「三浦和田茂継譲状」（『中条家文書』，山形大学附属図書館所蔵）

後・陸奥、あるいは京都などの地で活動を続けていくのである。

所領を没収されていた和田茂明は、正和六年（一三一七）、実効支配が伴わないまま、中条以下の所領に対する権利を嫡子茂継（童名初若）に譲り、幕府から申し給わって知行するように言い置いていた。鎌倉幕府滅亡直前の正慶二年正月、茂継の出仕が許されて、本領を返付され、幕府滅亡後の建武二年六月には建武政権からも本領安堵を受けた。茂継（法名道秀）には女子が一人いるのみで、男子がなかったために、建武四年には弟の茂資（茂助）に所領を譲った。父茂明の譲状にある「もし男子なくば、舎弟弥陀法師丸を子として譲り与うべき」という遺言を実行したもので、弟を養子として譲っている。十四世紀ごろには、嫡子から嫡子への家継承が強く望まれるようになって、兄弟間の相続についても、弟を養子として、嫡子に立てて譲与することが広く行われており、茂継と茂資の場合も、こうした手続きをとったのである。

この譲状の奥には「この状一見し候らいおわんぬ　高継」という異筆の書き入れがある。高継とは三浦介を名乗っている三浦高継のことで、その書き入れの事情は、二日後に出された茂継書状とその料紙の裏に書かれた高継の返事に語られている。茂継書状を現代語訳すると、「お目に懸かりました時に申し上げましたとおり、越後国で南朝方の敵が再び蜂起したということを□下されましたので、近日中に越後へ下向しようと思っております。陸地は敵が封鎖しているとのことを承っておりますので、船で下ろうと存じます。とりわけ途上での困難もありましょうから、不慮のことがあってはと思いまして、譲状を書き置きました。その譲状に花押《かおう》を据えていただければ幸いです。詳しいことは参上して申し上げたく存じます」となろう。このころ高継は京都におり、足利尊氏方の軍勢を統括する立場にあった。茂継も「お目に懸か」れる距離、おそらくは同じく京都にいたものと考えていいだろう。新田《にった》義貞《よしさだ》が守護を務めていた越後国では南朝方の勢力も多く、建武四年四月ごろには南朝方の池氏・風間氏が蜂起していた。こうした中、越後に本領を持つ茂継は足利方の命を受けて賊徒退治のために越後へ下向することになり、陸路で越後に入るのは困難と見た茂継は、海路で越後に入ろうと考えた。夏とはいえ、命の保障のない困難な旅が予想される。そこで死を覚悟して所領の相続について譲状を書き記し、その譲状に高継の署判を求めたのである。

書状は使者によって高継のもとにもたらされた。依頼を受けた高継は、現存する茂資宛ての譲状と、現存しない女子宛ての譲状と、あわせて二通に「一見し候いおわんぬ」の文言と花押を記し、茂継の書状を裏返して、その紙背に返事を書き、茂継の使者に渡した。その文面の内容は「お手紙を裏返して書かせていただきます。御譲状二通をお預かりしましたので、花押を据えました。今の御時世にこのようなご配慮、大変結構なことと存じます。詳しいことは御使に言付けました。御□の時は、私の所に来ていただいて雑談でも致しましょう。追伸　御下向以前に必ずお立ち寄り下さい」とあり、未処分のまま当主が死んでしまい、相続をめぐる混乱が生じることも少なくない中で、譲状を残して戦場に向かおうとする茂継の態度を高く評価している。

なぜ茂継は高継の署判を求めたのか。譲状に第三者の署判を必要とした理由、それが高継であった理由の二つを考えなくてはならないだろう。

譲状に第三者が加署することは少なくない。一門などが証人として行う署判は、譲状の内容と執行を保証する機能を持っていた。このころの中条がおかれた状況は、必ずしも安穏としたものではなかった。建武政権による安堵は獲得したものの、実はそれ以前、いち早く足利尊氏に従った奥山荘北条の三浦和田茂実が建武政権発足早々いったん中条の地を安堵されており、茂継が安堵を受けた後もなお安堵を申請する動きを見せているなど、その知行は不安定なものであった。そうした中で行われた譲与であり、しかも弟への譲与であったから、譲与に際して親子関係を擬制して嫡系継承の正統性を与え、それを第三者にも承認・保証してもらう必要があった。

ではなぜ三浦高継に署判を求めたのか。高継と茂継とはともに三浦氏の系譜に位置づけられるとはいえ、七〜八代も前に分かれており、実態的な機能を持つ父系親族集団を形成していたわけではなかったから、一門の長のような立場で加判を行ったのではない。「一見し候らいおわんぬ」という文言で思い出されるのは、守護などの指揮官が麾下の武将の記した軍忠状や着到状に「承りおわんぬ」「一見しおわんぬ」などの文言を記し、署判を加えていることである。この指揮官と武将との関係は、主従関係のような強固なものではなく、緩やかな上下関係、統率関係であった。高継と茂継とは書状でも互いに丁寧な言葉遣いをしており、両者の間に強い支配・被支配の関係は読み取れない。これらを考え合わせると、互いに自立しつつも高継が茂継を庇護するような、ゆるやかな上下関係が築かれていたと見るべきであろう。この建武年間には佐原横須賀系の相模三浦氏である三浦貞宗と奥山庄北条の三浦和田茂実との間にも密接な関係が生じているから、この時期の奥山荘をめぐって、高継（三浦介）―茂継（中条）と貞宗（佐原）―茂実（北条）という二つの対立軸が存在していたことになる。

そもそも高継と茂継との関係は、嘉元三年の北条時村暗殺事件の際に、高継の祖父三浦時明が茂継の父茂明の身柄を預かったことに由来する。それまで北条得宗家の御内人化して、その庇護を受けていた茂明は、この事件から幕府滅亡の過程で北条氏という庇護者を失い、かわって三浦氏に庇護を求めたのだろう。正和六年の段階では初若を名乗っていた茂継に「継」の字がついているのは、元服した際に高継もしくはその父時継が烏帽子親となったからであると考えると、この譲状の署判と書状のやりとりに見られる両者の関係が理解しやすい。茂継はそれからひと月後の建武四年七月十日に死去したという（『中条家家譜略記』）。

伝説化される三浦一族——エピローグ

十一世紀後半から十四世紀前半に及ぶ時代の政治の流れと社会の動きを追いつつ、三浦一族がその中でいかなる役割を果していたか、あるいは大きな歴史の流れや動きが一族にどのような影響を与えていたかなどを織り交ぜながら叙述してきた。

三浦介家の滅亡

その後、室町時代における三浦一族は、相模国守護となった三浦介の高継・高通の系統、後醍醐天皇の菩提を弔う天龍寺の造営などにもかかわった三浦貞宗・行連父子（美作《みまさか》三浦氏となる）、光盛子孫の葦名《あしな》氏などの活躍が見られる。観応《かんのう》の擾乱《じょうらん》では高通が足利直義《ただよし》方に付いて敗れ、尊氏に降伏して一時は逼塞するが、その後、鎌倉公方《くぼう》足利基氏、関東管領《かんとうかんれい》上杉憲顕のもとで復権を果たし、高連・高明・時高が代々三浦介を継承した。その間、上杉禅秀の乱では高明は鎌倉公方の足利持氏方に付いたが、持氏が幕府に反旗を翻した永享の乱では、時高は将軍足利義教の命を受けて持氏を攻めた。時高は扇谷《おうぎがやつ》上杉家の高救を養子に迎えて家を継がせ、その高救の子が三浦氏最後の当主義同《よしあつ》（道寸《どうすん》）となる。伊勢宗《そう》瑞《ずい》（北条早雲《ほうじょうそううん》）に攻められた道寸・義意父子が一族とともに三浦半島先端部に近い新井城で討ち死にしたのは、永正十三年（一五一六）七月のことであった。

道寸の死没から六十年余りを経た天正九年（一五八一）、奥州の葦名盛隆が三浦介の称号を正親町《おおぎまち》天皇から許された。奥州の葦名氏は佐原光盛の子孫で、室町時代に会津に土着し、盛隆の養父盛氏のころまでには戦国大名に成長していた。しかし、養子義広に代替わりした後の天正十七年、伊達政宗との戦いに敗れて、奥州の地を追われ、常陸《ひたち》国の佐竹氏のもとに逃げ込むことになる。葦名氏は秋田に移った佐竹氏の庇護を受けて十七世紀半ばに断絶するまで命脈を保つが、三浦介の家としての葦名氏は伊達政宗に滅ぼされたと言ってもいいだろう。それは豊臣秀吉が小田原北条氏を滅ぼし、伊達政宗を服属させて全国を統一する前年のことであった。ここに三浦一族の中世は事実上、終焉を迎える。

三浦義明と玉藻前

こうして、鎌倉時代の宝治合戦に続き、三浦介を名のる家は三度滅んだが、中世の人々の意識の中に三浦一族は生き残り、さまざまな伝承や芸能の形をとって姿を現している。最後に、中世後期から江戸時代の三浦一族について、伝説化という視点で述べておきたい。

治承四年（一一八〇）に衣笠城で討ち死した三浦義明の死は、源頼朝が生きていたころから、頼朝に捧げられた忠義の死として伝説化されていた。虚構を交えた家伝や口承が伝わり、『吾妻鏡《あずまかがみ》』の記事にも取り入れられていた。

鎌倉時代末期に造られた義明の木像（満昌寺蔵。重要文化財）は、御霊神明社の祭神として祀られていた像で、武人の

図19　三浦義明像（満昌寺，横須賀市提供）

図20　『玉藻前絵巻』（根津美術館所蔵）

俗体肖像彫刻ではあるが、神像的性格を持つといわれている。義明がこの時期にはすでに神格化されていたことを示すものであろう。「金沢文庫文書」の嘉暦元年（一三二六）七月二十四日付け真野宗明申状の奥に載せる系図や、同じく十四世紀半ばごろの記載内容を持つ「中条家文書」の三浦和田氏系図が義明から起筆していることから見ても、義明の子孫であるとの認識と自負が、一族結合のイデオロギー装置となっていたと考えられる。

十四世紀の終わりごろには、三浦介（義明）が主役の一人となる玉藻前《たまものまえ》伝説が形成された。『神明鏡《しんめいきょう》』によれば、近衛天皇の時代、鳥羽院から寵愛を受けた玉藻前という天下無双の美女がいた。しかも大変な才女であった。

天皇の病が重くなったために陰陽師《おんみようじ》に占わせたところ、玉藻前の仕業であるという。さらに玉藻前が天竺の天羅国、唐、本朝の三国に禍をなしてきた下野国那須野の狐であるとも告げられた。泰山府君祭《たいざんぶくんさい》で鎮めようとしたが、狐は那須野へと逃げてしまった。そこで東国の名将である三浦介・上総介の両名に勅命が下り、両介はこれを狩り取って上洛した。狐の腹の中にあった仏舎利《ぶつしゃり》は院に進上され、額の白玉は三浦介が賜り、尾の先の針二本は上総介に与えられ、狐は宇治の宝蔵に納められたという。その後成立した『玉藻前絵巻』（根津美術館蔵）などでは夢の告《つげ》を受けた三浦介が射取るというストーリーに改変されている。さらにこの話は、玉藻前の魂が那須野の殺生石《せつしようせき》に残り、害をなしていたのを源翁和尚がその法力によって石を割って鎮めたという殺生石伝説（謡曲『殺生石』ほか）に展開する。この伝説は、三浦氏の子孫である葦名氏と源翁との交渉を通じて発生したとも言われている（美濃部重克『中世伝承文学の諸相』和泉書院、一九八八年）。

義明は「三浦大介」とも呼ばれた。『平家物語』が「三浦大介」の呼称を用いたことで流布したと見られる。『吾妻鏡』の中でも北条本・島津本・毛利本は義澄の死没条で「三浦大介義明」と書いているが、吉川本や伏見宮家旧蔵の室町時代古写本は「三浦介義明」としているから、「大」の字は十六世紀ごろに成立した北条本・島津本・毛利本の共通祖本段階での加筆と見ていい。大内義隆が三条西実隆に対して、「三浦大介」の事例を挙げて「大介」の意味を尋ねている（『多々良問答』）ので、十六世紀には「三浦大介」の呼称で知られるようになっていたのだろう。

江戸時代になると、さらに「三浦大介」の名は広まっていく。『三浦大助紅梅靮《みうらのおおすけこうばいたづな》』（一部が現在でも『石切梶原』として上演される）を始めとする浄瑠璃・歌舞伎、浮世草子・黄表紙などに「三浦大助」の題を持つ作品が十本近く作られており、三浦介（三浦大助）が登場する作品はかなりの数に上る。役者絵の題材として描かれているものも多い。

「三浦の大助百六つ」の伝承も巷間に流布した。これは義明の十七回忌供養の際に、義明が存命ならば百六歳であったものをと頼朝が語ったという伝説に基づく（『三浦古尋録』）。満昌寺の宝冠釈迦如来像底部の文安元年（一四四四）銘に「相模国三浦大助百六までの守本尊」と見えるから、すでに中世段階で生まれていた伝承である。江戸時代、年末に伊勢神宮のお札を売って歩いた「厄払い」の祝言のなかに「蓬萊山《ほうらいさん》に舞い遊ぶ鶴は千年、亀は万年、東方朔《とうぼうさく》は八千歳、浦島太郎は三千年、三浦の大助百六つ」と、この文言が取り入れられて、三浦大介義明は誰もが知る存在になっていった。

朝夷の武勇

室町時代、伏見宮貞成《さだふさ》親王が住む山城国伏見郷の村々では、風流《ふりゅう》と呼ばれる飾り付けを施した山車《だし》を引いて各村を廻る盆行事が行われており、領主である伏見宮家にもやってきた。そのうち、舟津村の風流について貞成は「浅井名の門破りの風情なり。門を作り浅井名馬に乗る〈鎧を着し七具足を付す〉。武者二騎相従う」と記している（『看聞日記《かんもんにっき》』応永三十年七月十五日条）。「浅井名」とは和田義盛の子息朝夷義秀のことであり、和田合戦の時に義秀が幕府の惣門を破った場面を形象した飾り付けだった。今日でも各地に神話上・歴史上のヒーローの人形を載せた山車が残っているが、義秀も室町時代にはこうした伝説のヒーローの一人だったのである。この場面は、『看聞日記』の永享十年（一四三八）六月十日条に「和田左衛門平義盛絵七巻〈浅井三郎義秀幕府住（政ヵ）所門破りの事〉」、『御湯殿 上日記《おゆどののうえのにっき》』大永六年九月十日条に「武家の和田絵」とあるような絵巻物に描かれ、また、狂言『朝比奈』にも創り上げられて、室町時代の人々の間では有名な歴史の一場面になっていた。この和田合戦絵は江戸時代にも描かれ続け、明暦元年（一六五五）と正徳元年（一七一一）に来日した朝鮮通信使に贈られた屏風絵の中にも朝夷の門破りを題材としたものがそれぞれ含まれていた（『通航一覧』）。唯一、都城市立美術館に現存している『和田合戦図屏風』の右隻にも、この場面が描かれている

（一〇七頁、図11参照）。

義秀が鮫を生け捕りにした話や和田合戦での戦いぶりが、すでに『吾妻鏡』にも記されており、室町時代に成立した仮名本の『曾我物語』でも父義盛とともに重要な役回りを与えられた。この『曾我物語』の逸話が、戦国期に流行し、織田信長も愛好した幸若舞《こうわかまい》の『和田酒盛』につながっていく。また、『平家物語』諸本のなかでもやや成立が下る『源平《げんぺい》盛衰記《じょうすいき》』は、義秀の怪力無双ぶりの謂われを木曾の女武者巴御前が義秀の母親であるという伝承に求めている。

その後、義秀の伝承は、奈良絵本の題材となり、江戸時代には歌舞伎の曾我狂言や小説などにも取り上げられていった。義秀が和田合戦の後、船で海上に逃れ、行方が知れなかったという『吾妻鏡』の記事からは、渡海伝説が派生した。高麗に渡り、釜山の祠に祀られているという伝承が江戸時代に生まれ、さらに高麗での武勇譚が加えられ、朝鮮との外交を担った対馬藩によって武神化されていった（徳竹由明「朝夷名三郎義秀高麗渡海伝承と「朝夷名社」信仰の変容」『国語国文』七七—一、二〇〇八年）。

三浦一族を称する人々

南北朝期に上総国から肥前国に西遷した深堀氏は、土着の過程で周辺の領主たちとの差別化を図るために、三浦氏の子孫であることを標榜して「三浦深堀」を称した（田中大喜「『三浦深堀』氏の誕生」『三浦一族研究』一五、二〇一一年）。周防国の平子氏が三浦氏を称するようになるのは、三浦道寸の滅亡から約六十年が経過した十六世紀後半に毛利氏を頼っていた前将軍足利義昭から三浦の家の相続を認められてのことである。中世には成立していた「桓武平氏系図」の忠通の子に「平子」の苗字を持つ景道という者が記されていたことから、これに結びつける形で三浦氏につながる系譜関係をつくり上げたものと考えられる。ただし、景道は鎌倉権五郎景政（景正）の父として書かれているから、鎌倉氏を称してもよさそうであるが、鎌倉権五郎が御霊化していたためにこれを避けて、名族の三浦氏を選択したのだろう。三浦家に伝わる宝暦三年（一七五三）作成の系図は、頼朝時代の平子重経の父に「平子三郎通継」という架空の人物をつくり出し、それを為継の兄弟に位置づけて良文—忠道—為道—為名という系譜につなげている。また、越後の平子氏は、為通の子に「久良気三郎次長」という人物を置き、『吾妻鏡』に見える有長をその曾孫にして、自身の系譜を創り出した。

このほかにも、織田信長の家臣佐久間信盛の家系は和田合戦後生き残った和田朝盛に系譜をつなげた。徳川家康の家臣土井正次は宝治合戦後に逃れた三浦家村に系譜をつなげ、三浦志摩守を称している。また、安房の正木氏は三浦道寸（義同）につなげる系図を作りだして、江戸時代初期の為春（徳川家康の子頼宣・頼房兄弟の伯父）の代に三浦に改姓し、三浦長門守を称した。子孫も代々三浦長門守を称し、紀伊徳川家の家老を勤めている。為春は歌人・文人としても知られ、先祖とした三浦氏を顕彰する活動も行った。数々の伝説をもつ名族で、すでに嫡流が滅んでいた三浦一族は、由緒のある家譜が欲しい新興勢力にとっては格好の存在だったのだろう。

一方、三浦一族の子孫たちにも系譜に対する意識の変化が見られる。戦国時代の葦名氏は、系図に歴代の死没年月日を加えている（伊達家本『葦名系図』）。世代や時期はある程度の蓋然性を考慮しているが、根拠のある年月日ではない。この年月日は、家の歴代の先祖を遡って祀る形式の祖先祭祀が行われるようになったことで、祖先の忌日仏事を行うために仮に設定された年月日である。上杉氏の家臣となった中条氏では、十七世紀半ばから後半にかけて中世成立の系図への書き継ぎが行われるとともに、『中条家由緒書』などが作成され、伝来文書の整理を通じて、祖先に対する認識を新たにしている（前嶋敏「米沢藩中条氏における系譜認識と文書管理」『国立歴史民俗博物館研究報告』一八二、二〇一四年）。

こうした系譜に対する事実の探求、その一方での仮託・系譜操作の動きは、三浦一族のみに限られるものではない。南北朝期は「家」の嫡系継承の意識が強まり、内乱状況の中で正統性が重視されて、貴族社会でも系図集『尊卑分脈』がつくられた。近世初頭も、家康による得川（徳川）氏冒姓に代表される家系の創造、江戸幕府による『寛永諸家系図伝』の編纂に見られるように、アイデンティティを系譜という形で表現することが求められた時代である。この三浦一族の伝説化の動きも、そうした社会全体の流れのなかで起こったと言えよう。

あとがき

恩師安田元久先生は、いわゆる「郷土史」がお嫌いであった。理由はいくつかある。折々の言談をまとめると、一つは視野が狭小であること、二つめは郷土が生んだ人物の顕彰を目的としている場合が多いこと、三つめは各地域に首領《ドン》がいて、その顔色を伺うような体質を持っていることが理由だったようである。天下国家を論じるだけが歴史ではないが、国家レベルの政治の動きや社会全体の大きな流れとの関連づけを欠いてはいけないし、賞賛という結論ありきでは、客観的な視点を欠くことになってしまう。また、批判や論争が成立しないのは、学問として健全ではないとお考えだったからであろう。

一方で、「地域史」ならば、否定しないともおっしゃっていた。おそらく、「地域」という表現は、情緒が混じっていて閉鎖的なイメージのある「郷土」という言葉よりも、客観性が保たれており、他地域との比較や、視点をズームイン・ズームアウトさせることで広がりをもたせることができると考えておられたのだろう。

実際に安田先生の武士団研究は、○○氏、△△一族といった個別武士団単位ではなく、関東、あるいは相模や武蔵といった地域的なまとまりで捉え、そのなかで個々の武士団の動向を追っている。紀伊国の湯浅氏を取り上げた研究もあるが、これも個別武士団研究を目的とするものではなく、武士団の構造や領主制研究の一事例としての位置づけである。

こうした安田先生の意識は、もう一人の恩師山中裕先生とも通じる。山中先生の専門は摂関時代史ではあるが、古くから横須賀市の市民大学や文化財保護にかかわっていたこともあり、横須賀で三浦一族研究会を立ち上げられた。自治体の肝いりで始まったこの会が観光目的や顕彰会的になることを嫌い、三浦一族の「歴史の掘りおこしと研究」を目的とすることを会則にうたい、第一線級の中世史研究者を講演会の講師や会誌執筆者に招いて、それぞれの視点から三浦一族の歴史を客観的に捉え、市民にわかりやすく伝えることを望まれていた。山中先生が会長を退いた今でも、会の方向性は変わっていない。関係者の尽力や会員の支えもあって、有り難いことに会の活動は学界からも高く評価されている。

この二人の先生のお考えを私も共有しているつもりでいる。本書は、その三浦一族研究会が二〇〇七年以来毎年五回にわたって開催している「基礎講座」の筆者担当分のうち、二〇〇七〜八年に担当した「中世社会と三浦一族」（『三浦一族研究』一二・一三号に内容を掲載）をもとに、その後の研究成果なども取り入れて、一書とすべく大幅に手を加えた。そのコンセプトは、プロローグでも述べたとおり、中世前期の先端的でわかりやすい通史と三浦一族研究の最先端との融合である。

筆者は歴史教科書という通史の最たるものにかかわることを本務とし、研究者としても貴族社会と武家社会の両方を研究対象としている（両方を研究対象にしている中世史研究者は意外と少ない）。また、貴族日記や『吾妻鏡』について、書誌情報を踏まえ、ある程度のレベルまで内容を読み込んだ上で、活字テキストとして提供する作業も行っている。その点で、本書は現在の私の研究、問題関心の結晶といえるものになっていると思う。本書の内容と性格から、史料論の深みに入ることはできなかったが、随所で後世に創り上げられた系図の性格や、『吾妻鏡』の編纂物としての性格を踏まえた叙述を行っている。三浦一族の活動についてはもちろんのこと、通史的な部分についても、数か所にわたって、従来の常識を覆すような問題提起をしたつもりである。そうした点を読み取っていただけたら、これに勝るものはない。

横須賀市史古代・中世部会の専門委員として、三浦一族研究会の特別研究員としての十数年にわたる活動なくしては、本書は成り立っていない。いずれも山中先生のお誘いによるものであった。昨年六月に亡くなられた山中先生に本書をご覧いただけなかったことだけが心残りである。

図版の掲載にあたっては、所蔵者各位、ならびに横須賀市史編さん室真鍋淳哉氏の御助力を得た。末尾ながらお礼申し上げたい。

二〇一五年一月

高　橋　秀　樹

参考文献

上杉孝良『改訂三浦一族―その興亡の歴史―』（横須賀市、二〇〇七年）
鈴木かほる「鎌倉後期の三浦佐原氏の動向」（『三浦一族研究』四、二〇〇〇年）
高橋秀樹「越後和田氏の動向と中世家族の諸問題」（『三浦一族研究』創刊号、一九九七年）
高橋秀樹「三浦介の成立と伝説化」（『三浦一族研究』第七号、二〇〇三年）
高橋秀樹「三浦氏系図にみる家の創造神話」（『中世武家系図の史料論　上巻』高志書院、二〇〇七年）
高橋秀樹「三浦一族研究の現状と課題（中世前期）」（『三浦一族研究』第一五号、二〇一一年）
高橋秀樹「相模武士河村氏・三浦氏と地域社会」（『列島の鎌倉時代』高志書院、二〇一一年）
高橋秀樹「三浦義村と中世国家」（『三浦一族研究』第一六号、二〇一二年）
野口　実『中世東国武士団の研究』（高科書店、一九九四年）
野口　実「承久の乱における三浦義村」（『明月記研究』第一〇号、二〇〇五年）
真鍋淳哉「院政・鎌倉期の三浦一族」（『三浦一族研究』七、二〇〇三年）
真鍋淳哉「三浦一族研究の現状と課題（中世後期）」（『三浦一族研究』第一五号、二〇一一年）
真鍋淳哉「三浦氏と京都政界」（『中世人の軌跡を歩く』高志書院、二〇一四年）
峰岸純夫編『関東武士研究叢書６　三浦氏の研究』（名著出版、二〇〇八年）
横須賀市編『新横須賀市史　資料編古代・中世Ⅰ』（横須賀市、二〇〇四年）

横須賀市編『新横須賀市史　資料編古代・中世Ⅱ』（横須賀市、二〇〇七年）
横須賀市編『新横須賀市史　資料編古代・中世補遺』（横須賀市、二〇一一年）
横須賀市編『新横須賀市史　通史編自然・原始・古代・中世』（横須賀市、二〇一二年）

著者紹介

一九六四年、神奈川県に生まれる

一九九六年、学習院大学大学院人文科学研究科博士後期課程修了、博士（史学）

現在、國學院大學文学部教授

主要著書

『日本中世の家と親族』（吉川弘文館、一九九六年）

『玉葉精読』（和泉書院、二〇一三年）

『三浦一族の研究』（吉川弘文館、二〇一六年）

歴史文化ライブラリー
400

三浦一族の中世

二〇一五年（平成二十七）五月一日 第一刷発行

二〇二二年（令和四）三月二十日 第二刷発行

著者 高《たか》橋《はし》秀《ひで》樹《き》

発行者 吉川道郎

発行所 株式会社 吉川弘文館

東京都文京区本郷七丁目二番八号

郵便番号一一三—〇〇三三

電話〇三—三八一三—九一五一〈代表〉

振替口座〇〇一〇〇—五—二四四

http://www.yoshikawa-k.co.jp/

印刷＝株式会社 平文社

製本＝ナショナル製本協同組合

装幀＝清水良洋・李生美

ISBN978-4-642-05800-1

歴史文化ライブラリー

1996.10

刊行のことば

現今の日本および国際社会は、さまざまな面で大変動の時代を迎えておりますが、近づきつつある二十一世紀は人類史の到達点として、物質的な繁栄のみならず文化や自然・社会環境を謳歌できる平和な社会でなければなりません。しかしながら高度成長・技術革新にともなう急激な変貌は「自己本位な刹那主義」の風潮を生みだし、先人が築いてきた歴史や文化に学ぶ余裕もなく、いまだ明るい人類の将来が展望できていないようにも見えます。このような状況を踏まえ、よりよい二十一世紀社会を築くために、人類誕生から現在に至る「人類の遺産・教訓」としてのあらゆる分野の歴史と文化を「歴史文化ライブラリー」として刊行することといたしました。

小社は、安政四年(一八五七)の創業以来、一貫して歴史学を中心とした専門出版社として書籍を刊行しつづけてまいりました。その経験を生かし、学問成果にもとづいた本叢書を刊行し社会的要請に応えて行きたいと考えております。

現代は、マスメディアが発達した高度情報化社会といわれますが、私どもはあくまでも活字を主体とした出版こそ、ものの本質を考える基礎と信じ、本叢書をとおして社会に訴えてまいりたいと思います。これから生まれでる一冊一冊が、それぞれの読者を知的冒険の旅へと誘い、希望に満ちた人類の未来を構築する糧となれば幸いです。

吉川弘文館

歴史文化ライブラリー

近世史

歴史文化ライブラリー

近・現代史

歴史文化ライブラリー

歴史文化ライブラリー

歴史文化ライブラリー

出雲国誕生――――――――大橋泰夫
古代出雲――――――――前田晴人
古代の皇位継承 天武系皇統は実在したか――遠山美都男
古代天皇家の婚姻戦略――――荒木敏夫
壬申の乱を読み解く――――早川万年
戸籍が語る古代の家族――――今津勝紀
万葉集と古代史――――直木孝次郎
地方官人たちの古代史 律令国家を支えた人びと――中村順昭
古代の都はどうつくられたか 中国・日本・朝鮮・渤海――吉田 歓
平城京に暮らす 天平びとの泣き笑い――馬場 基
平城京の住宅事情 貴族はどこに住んだのか――近江俊秀
すべての道は平城京へ 古代国家の〈支配の道〉――市 大樹
都はなぜ移るのか 遷都の古代史――仁藤敦史
古代の都と神々 怪異を吸いとる神社――榎村寛之
聖武天皇が造った都 難波宮・恭仁宮・紫香楽宮――小笠原好彦
天皇側近たちの奈良時代――――十川陽一
藤原仲麻呂と道鏡 ゆらぐ奈良朝の政治体制――鷺森浩幸
遣唐使の見た中国――――古瀬奈津子
古代の女性官僚 女官の出世・結婚・引退――伊集院葉子
〈謀反〉の古代史 平安朝の政治改革――春名宏昭
平安朝 女性のライフサイクル――服藤早苗
平安貴族の住まい 寝殿造から読み直す日本住宅史――藤田勝也
平安京のニオイ――――安田政彦
平安京の災害史 都市の危機と再生――北村優季
平安京はいらなかった 古代の夢を喰らう中世――桃崎有一郎
天神様の正体 菅原道真の生涯――森 公章
平将門の乱を読み解く――――木村茂光
安倍晴明 陰陽師たちの平安時代――繁田信一
平安時代の死刑 なぜ避けられたのか――戸川 点
古代の神社と神職 神をまつる人びと――加瀬直弥
古代の食生活 食べる・働く・暮らす――吉野秋二
大地の古代史 土地の生命力を信じた人びと――三谷芳幸
時間の古代史 霊鬼の夜、秩序の昼――三宅和朗

各冊一七〇〇円～二一〇〇円(いずれも税別)
▽残部僅少の書目も掲載してあります。品切の節はご容赦下さい。
▽品切書目の一部について、オンデマンド版の販売も開始しました。
詳しくは出版図書目録、または小社ホームページをご覧下さい。